Wilhelm Otto Roesermueller

# Der Pendel in Deiner Hand

## Anleitung zum Pendeln an Hand praktischer Beispiele mit Hinweisen für die Pendelpraxis

von

Pfarrer Johannes Bolte

NEUNTE AUFLAGE

---

Karl Rohm Verlag, 7120 Bietigheim

3-87683-148-2

# Inhaltsverzeichnis

## *Vorwort zur ersten mit fünften Auflage*

*So wie es Sanitätsrat Dr. med. E. Clasen hinsichtlich seiner Erfahrungen mit dem Pendel erging, ergeht es gar vielen. Deshalb wollen wir seine Worte hören:*

*„Vor längeren Jahren las ich in einer Geflügelzeitung, man könne durch Pendeln sehr leicht das Geschlecht der Hühnereier feststellen. Da wir selbst Hühner besaßen, beschloß ich, die Sache nachzuprüfen, denn wenn man Hühner brüten lassen will, ist es von Wert, möglichst wenig Hähne, die ja keine Eier zu legen pflegen, erbrütet zu erhalten. Ich band also genau nach Vorschrift an meinen goldenen Ehering einen Faden und hielt damit den Ring über ein Hühnerei, aber der Pendel (der Verfasser gebraucht den Artikel ‚der', während mancher Autor in den Zitaten ‚das' Pendel schreibt. D. Verf.) regte sich nicht, ebensowenig über den anderen bereitliegenden Eiern. Somit hatte ich — wie ich meinte — den vollgültigen Beweis in Händen, daß die ganze Sache weiter nichts als Schwindel sei. Dazu muß ich aber bemerken, daß ich als wissenschaftlich erzogener Arzt schon von vornherein die Überzeugung hegte, es müsse selbstverständlich ein Ding der Unmöglichkeit sein, daß ein an einem Faden über einem Ei hängender Ring ganz von selbst in Bewegung geraten könne*

*und noch dazu in eine Kreisschwingung im Sinne des Uhrzeigers. Einige Jahre später lernte ich einen Kollegen kennen, einen richtigen Pendler, der seinen Pendel zur ärztlichen Diagnose benutzte, dabei sich aber damit begnügte, das erkrankte Organ auffinden zu können. Was ich sah, versetzte mich in das höchste Erstaunen und in ungeheuchelte Bewunderung. Nach meinen früheren trüben Erfahrungen in bezug auf das Pendeln beschränkte ich mich zunächst auf das bloße Zusehen und dachte gar nicht an eine Wiederholung meiner früheren vergeblichen Versuche. Aber ich hatte nun doch bereits einen sehr wichtigen Schritt vorwärts zum Pendeln gemacht, indem ich die Überzeugung gewonnen hatte, es müsse doch etwas an der Sache sein. Als ich dann eines Tages ganz verlorenerweise meine an ihrer-Kette hängende Taschenuhr über meine linke Hand hielt, setzte sich die Uhr zu meinem größten Erstaunen sofort in kräftige Bewegung, weit ausgreifende Kreisschwingungen im Sinne des Uhrzeigers beschreibend. Nachdem so das Eis gebrochen war, begann ich mit großem Eifer zu pendeln, alles, was mir unter die Hände kam. Und erhielt dann von meinem Lehrer das hochwillkommene Zeugnis, ich könne pendeln, das heißt ich besäße die Fähigkeit dazu; aber um Pendler zu sein, müsse ich noch sehr viel lernen und üben. Das ist dann geschehen, und ich habe viel Neues kennengelernt, woran kein Pendler bis dahin gedacht hatte. Aus diesem mitgeteilten Erlebnis möchte ich also die Lehre und Warnung herausgelesen wissen, daß man mit dem Pendeln nicht früher beginnen soll, als man der Sache nicht volles Vertrauen entgegenzubringen vermag, denn beim Pendeln spricht die Psyche des Pendlers ein ungeahnt wichtiges Wort mit, ohne daß er sich dessen bewußt wird."*

*Man gehe also auch unvoreingenommen an das Studium. Eine wertvolle, ja unersetzliche Literatur über das Pendeln wurde im „Dritten Reich" restlos ausgerottet und vernichtet. Es wäre anzustreben, dieselbe in einem groß angelegten Werke zu sammeln. In einem solchen Werke kämen die Forscher von der physikalischen bis zur parapsychologischen Richtung zu Wort.*

*Im Rahmen einer kleinen Schrift kann man natürlich nur grob skizzieren. Weder wissenschaftlichen Charakter noch einigermaßen annähernde Erfassung des bisher Erarbeiteten beansprucht dieselbe. Man denke nur an die gewaltige Arbeit, die der Verfasser des epochalen Werkes über die achte Großkraft der Natur, Dipl.-Ing. Straniak, allein leistete und die in ihren Umrissen in einer Skizze nicht einmal erfaßt werden kann.*

*Wenn im Text da und dort ein scheinbarer Widerspruch auftaucht — es liegt dies daran, daß die verschiedenen Forscher nach ihren speziellen Methoden berichten —, so belehrt das den Interessenten dahingehend, daß eben jeder Experimentator seine eigenen, nur für ihn gültigen Pendelbilder hat, also der Forscher seine eigene Pendelsprache sich erarbeiten muß.*

*Die gebotenen Beispiele aus der Praxis erfahrener Pendler werden wohl die beste Lehrmethode für angehende Pendler abgeben.*

*Für den verehrten Leser, der keine Fähigkeit zum Pendeln besitzt, möge die bescheidene Arbeit einen Einblick in das Gebiet geben und damit eine Anregung zur weiteren theoretischen Beschäftigung. Sonst mögen auch die Beispiele als Lektüre interessieren. Auf gar keinen Fall will das Büchlein zum Kurpfuschen und Wundermannspielen verleiten. Allerstrengste Selbstkritik ist erforderlich. Selbst dem erfahrenen Pendler können Fehler unterlaufen. Niemals stelle man „100prozentige" Behauptungen auf. Ein ehrlicher Forscher unterläßt dies grundsätzlich.*

*Der Verfasser stellt weder Diagnosen noch betreibt er Schicksalsforschungen und dergleichen. Er lehnt jede diesbezügliche Beratung ab.*

*Wer forscht, forsche mit reinen Händen und reinen Herzens um der Wahrheit willen. In diesem Sinne möge man die Ausführungen meines verehrten Freundes Pfarrer Bolte als Abschluß der Skizze ganz besonders würdigen.*

*Nürnberg, August 1960.*

*Wilhelm Otto Roesermueller*

## Geschichtliches über das Pendeln

Die Pendelpraxis ist Jahrtausende alt. Es ist mit Sicherheit anzunehmen, daß man in den Priesterschulen, die zugleich auch Ärzteschulen des Altertums waren, mit dem Pendel praktizierte.

Von Indien wanderte dieses Geheimnis nach Ägypten, von da nach Griechenland, später nach Rom und von Rom aus ins Abendland. Es wird angenommen, daß die ägyptischen Pyramiden mit der Pendelkunst errichtet wurden.

Der Historiker *Amianus Marcellinus* berichtet, daß zur Zeit des Kaisers *Valens*, 371 n. Chr., einige griechische Zauberer versuchten, den Namen des Nachfolgers des Kaisers zu erfahren. Sie benützten hierzu einen kleinen Tisch oder Dreifuß, der aus Lorbeerholz nach dem Vorbild des delphischen Dreifußes der berühmten *Pythia* hergestellt war. Die Zauberer wurden der Marter unterworfen und gestanden folgendes Verfahren:

Sie stellten den Tisch in einen Raum, der vorher mit arabischem Weihrauch ausgeräuchert war, und legten eine aus verschiedenen Metallen bestehende Schale auf diesen Tisch. Der Rand der Schale enthielt in gleichen Abständen eingraviert 24 Buchstaben. Eine in weiße Linnen gekleidete Person rief nun die Gottheit an und hielt an einem Faden einen

Ring über die Schale. Der Ring geriet in Schwingungen, hielt aber zeitweise über diesen und jenen Buchstaben an. Die Zusammensetzung der so angezeigten Buchstaben bildete den Orakelspruch. Interessant ist der Ausgang dieses Experimentes. Bei der Frage nach dem Namen des Nachfolgers des Kaisers zeigte der Ring die Buchstaben T, h, e, o, d ... Die Magier schlossen daraus auf *„Theodorus"*, einen hervorragenden Mann. Der Kaiser aber ließ diesen *Theodorus* und die beiden Zauberer hinrichten. Nachfolger des Kaisers *Valens* wurde *Theodosius*, nachmals der Große genannt. Die Magier hatten offenbar die ganze Antwort des Orakels nicht abgewartet, sondern voreilige Schlüsse gezogen. Vereinfacht findet man heute diese Praxis an Hand einer Pendeltafel und eines Pendels wieder.

*Galilei* ist wohl als einer der ersten wissenschaftlichen Erforscher des Pendels anzusprechen; er hat die Schwingungen des Pendels mathematisch festgelegt. Der große Arzt *Paracelsus* kannte den Pendel und Wünschelring und hat ihn in der Arzneikunst und Heilpraxis zweifellos angewandt. 1798 veröffentlichte *Prof. Gerboin* von der Medizinischen Fakultät in Straßburg eine Studie über die Eigenschaften des Pendels. *Goethe*, diesem gewaltigen Geist, war der Pendel nicht unbekannt. In den „Wahlverwandtschaften" ist zu lesen: „Sie *(Charlotte)* nahm den Faden in die Hand, und da es ihr Ernst war, hielt sie ihn stetig ohne Gemütsbewegung; allein auch nicht das mindeste Schwanken war zu bemerken. Darauf ward *Ottilie* veranlaßt. Sie hielt den Pendel noch ruhiger, unbefangener, unbewußter über die unterliegenden Metalle; aber in dem Augenblicke ward das Schwebende wie in einem entschiedenen Wirbel fortgerissen und drehte sich, je nachdem die Unterlage wechselte, bald nach der einen, bald nach der anderen Seite, jetzt in Kreisen, jetzt in Ellipsen, oder nahm seinen Schwung in geraden Linien, wie es der Begleiter nur erwarten konnte."

Im 19. Jahrhundert kam ein wichtiges Pendelwerk unter dem Titel „Der dynamische Kreis" von dem Akademieprofessor *Johann Karl Baehr* heraus. Ihm folgte der Entdecker des Odes, der große Naturforscher Dr. *Karl Freiherr von Reichenbach*, mit wichtigen Entdeckungen für die Pendelforschung. Beide haben die Bedeutung des Pendels klar erkannt, doch waren sie ihrer Zeit weit voraus und mußten, wie alle Entdecker und Erfinder, unter der Dummheit ihrer gelehrten Zeitgenossen schwer leiden.

Zu Anfang des 20. Jahrhunderts war es der Privatgelehrte *Friedrich Kallenberg*, dem das große Verdienst zuzusprechen ist, die Pendellehre durch seine Werke ins rechte Licht gerückt und die Aufmerksamkeit anderer Forscher auf dieses Gebiet gelenkt zu haben.

Bedeutende Männer haben sich dann mit der Erforschung des Gegenstandes eingehend beschäftigt, doch können im Rahmen dieser Schrift nur einige wenige genannt werden: Prof. Dr. med. *Benedict* (Universität Wien), der verschiedene Abhandlungen veröffentlichte, unter anderem eine „Ruten- und Pendellehre". Sanitätsrat Dr. med. *E. Clasen* „Die Pendeldiagnose — Ein Verfahren zur Feststellung der inneren Krankheiten des Menschen". Dr. med.

*Karl Erhard Weiß* „Der siderische Pendel im Reiche des Feinstofflichen". *G. W. Surya* „Okkulte Diagnostik und Prognostik". Prof. Dr.-Ing. *Max R. Zechlin,* Professor am Lawrence Institute of Technology, Detroit, USA, „Wissenschaftliche Grundlagen der siderischen Pendelschwingungen". Dr. med. et Dr. phil. *Friedrich Feerhow* „Eine neue Naturkraft oder eine Kette von Täuschungen". Stadtbaudirektor Dipl.-Ing. *Straniak* „Die achte Großkraft der Natur". Pfarrer *Johannes Bolte* „Forschungen und Entdeckungen mit dem siderischen Pendel". Prof. Dr. *Mohlberg* „Briefe an Tschü". An weiteren Forschern wären noch zu nennen: Dr. med. vet. *Laue,* Pfarrer Dr. *Pientka,* Ing. *Johannes Zacharias,* Dr. med. *Richardsohn,* Dr. *Fritz Quade* und viele andere. Der verdienstvolle Dr. *Wetzel* hat in der „Arbeitsgemeinschaft für Ruten- und Pendelkunde (Radiästhesie) e. V.", München-Solln, Postfach 25, die Forscher, Praktiker und Interessenten zusammengeschlossen.

## Zur Pendelpraxis

Der Forscher *Othon Roche* gibt die physikalische Erklärung des Pendelvorgangs wie folgt: „Die Schwingungen des Pendels werden hervorgerufen durch einen kaum wahrnehmbaren nervösen Reflex, der in den Nervenbahnen bis zu den Fingerspitzen, die das Instrument halten, weitergeleitet wird. Der Mensch bildet also die ‚Mittelsperson' zwischen dem von ihm gelieferten nervösen Strom und den Ausstrahlungen des Objekts, wobei der Schock beider Strahlungswellen die Bewegung des Pendels verursacht, deren Äußerungswert dann vom Menschen durch in Experimenten gewonnene Schwingungsgesetze festgelegt wurde."

Jeder Sensitive kann das Gesagte erproben. In beinahe jeder Familie befindet sich eine pendelfähige Person.

Man befestigt an einem Seidenfaden von etwa 5 bis 30 cm Länge einen Ehering. Das Fadenende nehme man zwischen Daumen und Zeigefinger der rechten Hand, biege die Hand im Handgelenk ab, stütze den Arm auf. Der Arm, die Hand und vor allem auch die Finger müssen vollkommen ruhig gehalten werden. Das Gesicht kann zu Anfang nach Süden gerichtet sein. Anfänger sollen allein experimentieren, da die Gedanken von evtl. Anwesenden den Pendel zu beeinflussen vermögen. Metallgegenstände entferne man aus Taschen und aus der näheren Umgebung. Nun lege man unter den Pendel eine Photographie, der Ring mag 5 mm bis 1 cm, auch bis 2 cm, über dem Bilde schweben. Man verhalte sich nun ganz passiv; dabei konzentriert man sich auf eine klare Frage, zum Beispiel: „Lebt der auf der Photographie abgebildete Mensch?" Es soll ein jedes zum Experiment verwendete Bild nur *eine* Person darstellen. Ist der Pendler sensitiv, so wird, falls die abgebildete Person noch am Leben ist, der Pendel Schwingungen ausführen, zum Beispiel wird der Pendel, wenn der Pendler über einer männlichen Photographie experimentiert und normal polarisiert ist, zuerst große Kreise schlagen, was allgemein bedeutet, daß es sich um ein männliches Wesen handelt. Weiter wird der Pendel Ellipsen und Striche zeigen.

Es offenbart sich dadurch jeweils auch der Charakter der abgebildeten Person. Später vollzieht man die Experimente, indem man die Photos in neutrale Umschläge steckt, um so die Treffsicherheit zu kontrollieren. Bleibt bei sensitiven, also pendelfähigen Menschen der Pendel über einem Bilde still stehen, so bedeutet das in der Regel, daß die abgebildete Person nicht mehr unter den Lebenden weilt. Beispiele werden Einzelheiten genau illustrieren.

Ein umgestülptes Einmachglas dient als Pendelstativ. Der Finger berührt den mit Seidenfaden umsponnenen Holzknopf. Der Knopf darf nicht mit irgendeiner Gummilösung, Siegellack, Paraffin, Wachs usw. befestigt werden! Alles weitere ergibt sich aus der Zeichnung (Seite 15).

Armbügelbrett oder Einmachglas (siehe Zeichnungen auf Seite 15) schließen nervöse Fingerbewegungen weitgehend aus. Es sei aber betont, daß diese geringen nervösen Bewegungen niemals die Pendelfiguren entstehen lassen. Der nicht zum Pendeln Befähigte bringt trotz derselben geringen Bewegungen den Pendel nicht zum Schwingen. San.-Rat Dr. med. *E. Clasen* sagt diesbezüglich mit Recht: „In der Regel wird der Einwurf gemacht, es handele sich um unwillkürliche ‚idiomotorische' Muskelzuckungen, wodurch diese Bewegungen hervorgerufen würden. Gewiß, man kann den Pendel nicht absolut stillhalten, er wird immer minimale *unregelmäßige* Bewegungen machen, aber um diese handelt es sich gar nicht, sondern um ganz *regelmäßige,* öfter sich wiederholende Schwingungen, wie sie durch zufällige, unregelmäßige Muskelzuckungen niemals hervor-

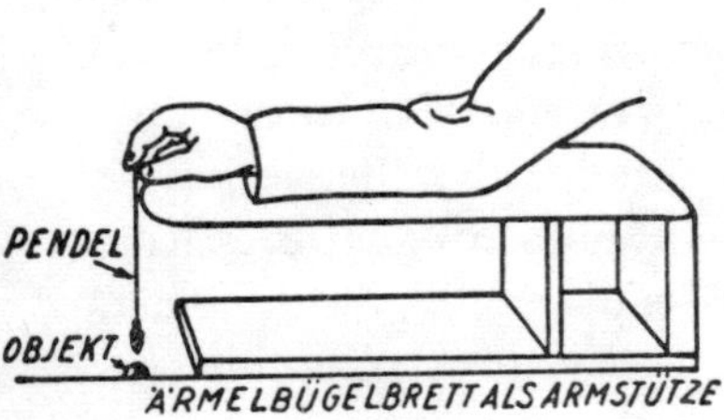
PENDEL
OBJEKT
ÄRMELBÜGELBRETT ALS ARMSTÜTZE

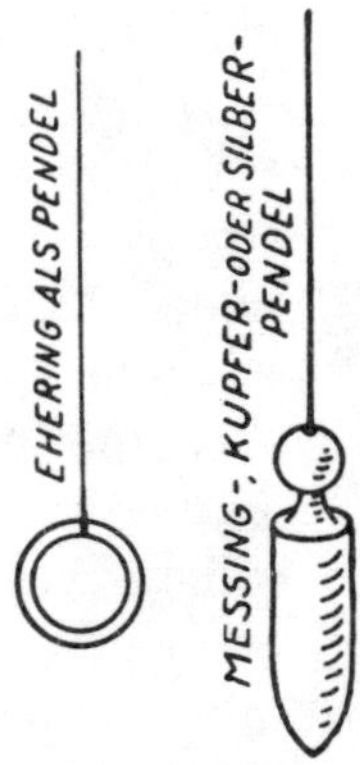
EHERING ALS PENDEL
MESSING-, KUPFER- ODER SILBER-PENDEL

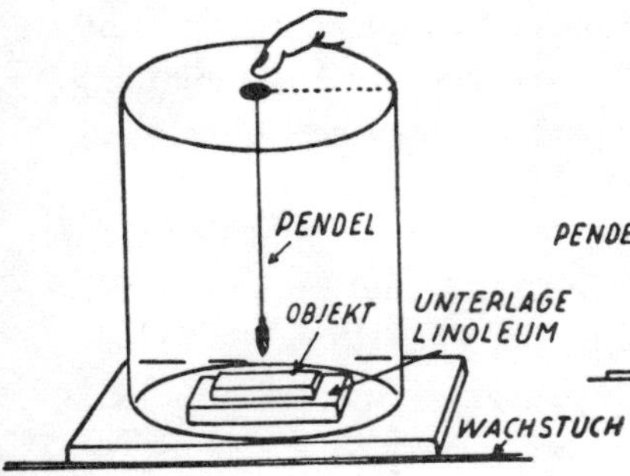
PENDEL
OBJEKT
UNTERLAGE LINOLEUM
WACHSTUCH

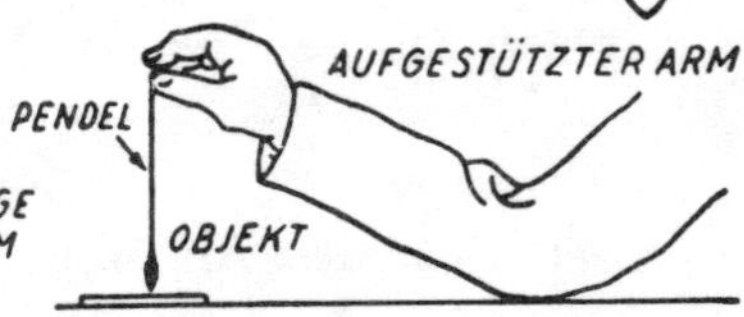
AUFGESTÜTZTER ARM
PENDEL
OBJEKT

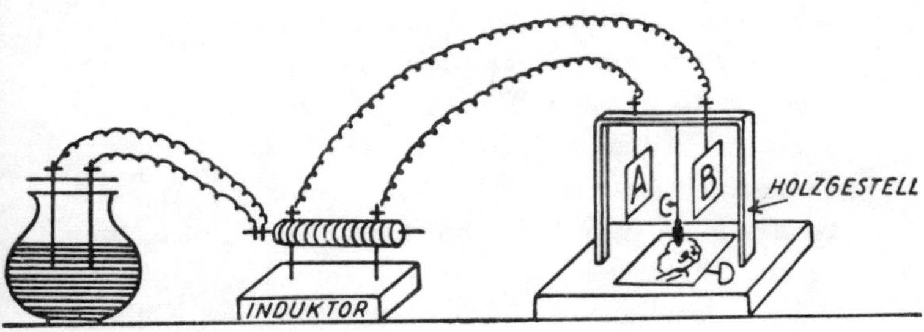
A
B
C
D
HOLZGESTELL
INDUKTOR

gebracht werden könnten. Ein solcher Einwurf ließe sich überhaupt nur machen gegenüber den minimalen Schwingungen eines schwachen Pendlers. Wie er aber aufrechterhalten werden soll gegenüber den gewaltigen Schwingungen eines starken Pendlers, in dessen Hand sehr oft der schwingende Pendel zunächst eine horizontale, dann senkrecht sich stellende Scheibe bildet, die man dann nur noch als matte Scheibe wahrnimmt, in der der Pendel völlig verschwindet, das muß dem Leugner selbst überlassen bleiben. Jedenfalls würde er auch den geringen Pendelausschlägen eines schwachen Pendlers gegenüber in nicht geringe Verlegenheit geraten bei der Aufforderung, diese Pendelschwingungen nachzumachen, ohne seine Hand dabei zu bewegen."

Übrigens hat mein heimgegangener Freund *G. W. Surya* von dem Altmeister der Pendelforscher, *Friedrich Kallenberg*, eine Apparatur skizziert erhalten, die ohne Zuhilfenahme der menschlichen Hand arbeitet. Der Pendel hängt an einem Holzgestell zwischen zwei Metallplatten A und B, welche mit einem Funkeninduktor (Rumkorfapparat) in Verbindung stehen. Mit anderen Worten: „Der Pendel schwingt innerhalb eines *starken* Wechselstromkraftfeldes." Hierzu schrieb mir *(G. W. Surya* — d. V.) *Kallenberg* am 29. Mai 1933 wie folgt: „Da Ihnen auf Grund Ihres werten Schreibens vom 27. Mai 1933 außerordentlich viel daran gelegen ist, nun endlich restlose Klarheit hinsichtlich der Wirkungsweise des *Pendels mit Wechselstrombetrieb* zu erhalten, so sei die Beantwortung um keinen Tag hinausgeschoben.

Es unterliegt nicht dem geringsten Zweifel, daß in dieser Anordnung die Pendelschwingungen über dem Gegenstand (zum Beispiel Photographie) *ebenso exakt* und *differenzierend* auftreten, wie in der Hinführung der menschlichen Strahlen. Also willkürliche, unmotivierte Ausschläge bleiben hier schon der Natur der Sache nach ausgeschaltet. Dabei bleibt immerhin die Möglichkeit, durch *Gedanken-Kräfte* dem Pendel nach Gefallen eine abweichende Richtung zu geben. Über das ‚Aber' hingegen kommen wir nicht hinaus! Das ist, wollen wir auf das Mechanisieren des Vorgangs uns beschränken, die Entbehrung des *seelischen* Reflexes auf den Operateur, vor allem auf solche Menschen, welche Defekte psychischer, organischer oder charakterlicher Art an sich selbst spüren. Erscheint zum Beispiel der berüchtigte Ost-West-Strich, so kann die innere Bedeutung desselben nur seelisch vollkommen erfaßt werden. Ferner sehen wir das Bestimmen der Örtlichkeit kranker Teile (also diagnostische Abgrenzung derselben) im mechanischen Verfahren nicht minder erschwert."

Weiterhin sagt *G. W. Surya*, mit dessen und des Verlags Erlaubnis ich zitiere (aus „Okkulte Diagnostik und Prognostik", Rohm-Verlag, Lorch): „Zukünftiger Forschungsarbeit muß es überlassen werden, diese Versuche des mechanischen oder wenn man will elektrischen Pendelbetriebs auszubauen. Es braucht wohl nicht erwähnt zu werden, daß sich dabei die Möglichkeiten großer Entdeckungen und praktischer Anwendungen verschiedenster Art ergeben werden. Bei derlei Experimenten berühren sich sozusagen *Physik* und *Metaphysik.* Man wird dabei nach und nach entdecken, daß der Mensch weitaus mehr in die Ferne zu wirken vermag und auch von der Ferne aus beeinflußt werden kann, als die bisherige Wissenschaft ahnte. So zum Beispiel zeigte Dr. phil. *Welisch* (Graz), daß ein fünf Kilogramm schwerer Pendel auf eine Entfernung von einigen Metern durch seinen konzentrierten Willen und Blick in Schwingungen versetzt werden konnte. In Wien trat im Mai 1933 ein junger Mann auf, der nicht nur mit der Hand eine geschlossene Bussole (Kompaß) ablenken konnte, sondern auch durch bloße Willenskonzentration auf einige Meter Entfernung hin."

## Kräfte, die im Menschen wirken

Es gibt also zweifellos Menschen mit bedeutenden elektrischen und magnetischen Kräften, aber auch solche, die andere Energieformen, wie Od, oder heilmagnetische Ausstrahlungen nach Belieben in die Ferne wirken lassen können. Natürlich gilt dasselbe von seelischen und geistigen Kräften. Und damit kommen wir schon in das Gebiet einer *wahren Parapsychologie.* Hier muß ich *Surya,* wohl einer der besten Kenner der Physik und Metaphysik und bedeutender *Paracelsus*forscher, noch weiter sprechen lassen. Der aufmerksame Leser wird dann bei den praktischen Beispielen den Wert der Darlegungen ermessen. „*Paracelsus* kannte jedenfalls die Wünschelrute und den siderischen Pendel sehr gut. Und sicherlich war er auch tiefer in die letzten, treibenden und okkulten Kräfte dieser Instrumente oder ‚Indikatoren' eingedrungen, als viele moderne Physiker und Parapsychologen, die das ganze Ruten- und Pendelproblem bloß mit Hilfe von Strahlungen, Emanationen, und wenn es schon nicht anders geht, mit Hilfe des allmächtigen und allwissenden Unterbewußtseins zu lösen vermeinen. Gewiß, in diesen Lösungsversuchen steckt bereits manches Wahre, doch bringen sie keine restlose Lösung, es sei denn, daß wir dem Unterbewußtsein Allwissenheit zuschreiben, indem wir durch dasselbe sozusagen Telefonanschluß mit dem Absoluten oder mit Gott haben. Damit begibt man sich aber schon sehr in das Reich der Mystik. Denn das Streben der praktischen Mystik geht ja dahin, zur Gottverbundenheit usw. zu gelangen. Und selbst da kann man sich noch täuschen, denn immer liegt noch die Möglichkeit offen, daß unser Unterbewußtsein auch durch andere fremde Intelligenzen beeinflußt wird, natürlich ohne daß wir es wissen! Und diese fremden Intelligenzen lenken dann letzten Endes beliebig die Bewegungen der Rute und des Pendels. (Daß es jenseitige Wesen gibt, lehrt die Religion. Die Universitätsprofessoren *Sir Crookes* (Physiker und Chemiker), *Sir Oliver Lodge* (Physiker) und *Haraldur Nielsson* (Theologe), um nur einige bedeutende Namen zu nennen, haben bewiesen, daß es ein Fortleben nach dem Tode gibt und Jenseitige in diese Welt hereinwirken.) Unser sympathisches Nervengeflecht, hauptsächlich das Sonnengeflecht, der Sympathikus, ist, wie *Schleich* so treffend sagt, eine *Markoniplatte* (Empfänger, Antenne), welche uns mit dem ganzen *Kosmos* verbindet. Gott allein aber mag da wissen, wie vielerlei Schwingungen und Strahlungsarten es im ganzen Kosmos gibt und wieviele grundverschiedene, uns aber vollkommen unbekannte und unsichtbare Intelligenzen als ‚Sender' in Betracht kommen können. Es genügt daher nicht, wie Dr. *Georg Rothe* es tat, die Wünschelrute und den Pendel nur als ein physikalisch-physiologisch-psychologisches Problem aufzufassen, sondern man muß darüber hinausgehend sie auch als okkultes und mystisches Problem erkennen. Dafür spricht auch das nachstehende Experiment, welches der mir befreundete Bürgerschuldirektor Dr. phil. *Welisch* (Graz) in öffentlichen Vorträgen gemacht hat. Er forderte ihm bisher fremde Pendler aus dem Zuhörerkreis auf, zu ihm aufs Podium zu kommen, stellte sich nun hinter diese, auf etwa 5—6 Schritte Entfernung, hielt eine Tafel in der Hand, auf welcher acht verschiedene Pendelschwingungsbahnen aufgezeichnet waren und ersuchte eine Kontrollperson, eine dieser Figuren schweigend mit dem Finger zu berühren. Ohne ein Wort zu sprechen oder irgendeine Bewegung zu machen, nur durch einen Willensakt, veranlaßte Dr. *Welisch* den sich passiv verhaltenden Pendler, die von der Kontrollperson erwählte Figur schwingen zu lassen. Dies ist für die ganze Ruten- und Pendelforschung ein hochbedeutsames Experiment im positiven oder negativen Sinne. Es beweist die Möglichkeit, *Rute* und *Pendel telepathisch* zu *beeinflussen.* Mithin kann sehr wohl sein, daß ein Rutengänger oder Pendler, wenn er in einem Kreise von ihm feindlich gesinnten Personen experimentieren muß, versagt. Zum Beispiel: Eine wissenschaftliche Kommission, deren innigster und geheimster Wunsch es ist, der Pendler möge versagen, kann es wirklich durch diese negativen Gedankenströme dahin bringen, daß er nichts leistet und in ihren Augen dann, samt seiner Kunst, blamiert dasteht. Wenn aber lebende Menschen Rute und Pendel derartig telepathisch beeinflussen können, warum sollte dies nicht auch ein entkörperter Mensch, also der Geist oder die Seele eines Abgeschiedenen oder ‚Toten' bewirken können? Denn wir müssen *du Prel* zustimmen, daß unser wahres, unsterbliches Ich, unser transzendentales Subjekt, um mit *du Prel* zu sprechen, befreit von körperlichen Banden und Fesseln, wie dies nach dem Tode unzweifelhaft der Fall ist, noch weitaus intensiver vermittels Gedanken, Wunsch und Willen, also rein magisch wirken kann, als während seiner irdischen, fleischlichen Existenz. Nun aber lehren mit einer ganz auffallenden Übereinstimmung die Weisen sowie die Okkultisten und Mystiker aller Zeiten und Völker, daß es bereits im ätherischen Reiche des Kosmos (ganz abgesehen von höheren Ebenen), welches unermeßliche Reich auch jeden Planeten durchdringt, eine ungeheure Anzahl von uns normalerweise unsichtbaren halbintelligenten bis zu höchstintelligenten Wesenheiten gibt, welche man als Elementargeister, Geister, Dämonen, Engel, Devas oder Götter bezeichnet hat. All den Sagen von Göttern, Halbgöttern, von guten und bösen Feen, von Gnomen, Sylphiden, Undinen, Nixen, Salamandern, die wir bei allen Völkern wiederfinden, liegt eben ein und dieselbe große Wahrheit zugrunde: Es gibt ein

Geisterreich, ja, sogar vielfache geistige Welten! Hellsichtige und Hellhörende können auch mit diesen Wesen in Verbindung treten. Und es ist klar, daß die für den gewöhnlichen Menschen meist unsichtbaren, ätherischen Wesenheiten sicherlich auch meist die Menschen telepathisch beeinflussen können."

Auch der Nobelpreisträger Prof. Dr. med. *Richet* stellte unumstößlich fest, daß das All voll von unsichtbaren Wesenheiten ist. Die Beeinflußbarkeit sensitiver Menschen durch niedere und bösartige Jenseitige beweist der Irrenarzt Dr. med. *Wickland.* Er hat viele sogenannte Geisteskranke, die in Wirklichkeit von Geistern Verstorbener besessen waren, durch Austreibung und Belehrung derselben vollkommen geheilt. Pater *Arbogast Reiterer* berichtet ebenfalls Fälle echter Besessenheit, ebenso der weltbekannte Irrenarzt und Kriminalpsychologe Prof. Dr. med. *Lombroso.* Ganz besonders betont auch Paracelsus, daß die erwähnten Geistwesen auch sehr leicht die Wünschelrute, den Erbschlüssel, das Ringorakel usw. in Bewegung setzen können. Dasselbe trifft wohl auch in vielen spiritistischen Sitzungen zu. Das alles klingt für unsere deutschen Wissenschaftler, sofern sie nicht Okkultisten oder echte Parapsychologen sind, unannehmbar. Ich möchte solche Zweifler und Ablehner jedes Geisterglaubens nur an die Worte des berühmten englischen Physikers und Spiritualisten Prof. Sir *Oliver Lodge* erinnern, der da sagte: „Das Problem der Annahme und Existenz eines Geisterreiches und der Unsterblichkeit der menschlichen Seele gewinnt sofort eine wissenschaftliche Grundlage, wenn wir zugeben müssen, daß es sehr wohl andere, höhere ätherische Zustandsformen der Materie gibt, die sich sozusagen nur durch andere höhere Schwingungen von unserer grobstofflichen Materie unterscheiden. Diese höheren geistigen Welten würden uns sofort sichtbar, wenn wir durch irgendein Mittel deren höhere Schwingungen herabtransformieren könnten. Daß wir sie bis jetzt normalerweise nicht wahrnehmen, spricht gar nicht gegen deren Existenz. Durchfluten doch heute unzählige Radiowellen unseren Raum, die uns auch, ohne entsprechende Empfangsapparate, vollkommen unwahrnehmbar sind.“

## Welche Figuren schwingt der Pendel?

Der Pendel schwingt in Kreisen, in Ellipsen, in Strichen. Die Kreise können in Richtung des Uhrzeigers oder umgekehrt verlaufen, dasselbe trifft für die Ellipsen zu. Dann gehen die Kreise in Ellipsen über und umgekehrt; Striche wechseln damit ab. Stillstand ist auch möglich. Es ergeben sich also Pendelbilder.

Nun hat jeder Pendler seine eigene Pendelsprache. Diese gilt es in mühsamer, geduldiger Kleinarbeit festzulegen.

Bei normal polarisierten Menschen bedeutet der *Kreis:* männliches Geschlecht, männlichen Charakter, Positivität, Aktivität, Gesundheit, Harmonie, Sympathie, Leben, Freude, Wahrheit, Sicherheit, Glück,

Treue, Liebe, Kraft. Bei Fragenbeantwortung bedeutet der Kreis „Ja“.

Die *Ellipse* in senkrechter Richtung bedeutet: weibliches Geschlecht, weiblicher Charakter, Passivität, Sympathie, Erotik, Individualität, Verstandesdenken, Energie, Wille.

Die schräge oder quere ellipsenförmige Schwingung bedeutet: negative Einstellung, Krankheit, Schwäche, Trotz, Willenlosigkeit, Unklarheit, Niedergeschlagenheit, Mißmut, Trauer, Antipathie usw.

*Strichförmige* Schwingungen: Kriminalität, Prostitution, Sterben, Auflösung, Boshaftigkeit, psychische Erkrankungen, Geistesschwäche usw. Beim Fragen bedeutet der senkrechte Strich, auch Trennungsstrich genannt, „Nein“.

*Pendelstillstand* oder *Pendelstarre:* Tod, Widerstand.

Starke, erregte Schwingungen: Ausgeprägte Sympathie oder Antipathie, Aufregung, Wut, Haß, Ekel usw.

Kleine, kaum merkliche Schwingungen: Mangel an Lebenskraft, Krankheit, Zaghaftigkeit, Schwäche, Elend, Armut, Kleinlichkeit usf.

Diese Angaben, die auch von anderen Praktikern, auch von dem erfahrenen Pendelforscher *Heinrich Jürgens* vertreten werden, stimmen mit meinen eigenen Erfahrungen überein. *Doch, wie ausdrücklichst schon betont, muß jeder Pendler sich seine eigene Pendelsprache erarbeiten.*

## Sprache des Pendels

Ein sehr instruktives Beispiel möge dies erläutern. Dr. *Ferdinand Tietze* schreibt in einer Abhandlung:

„Wir haben uns gesagt, daß die Pendelausschläge nur dann praktisch verwertbar sind, wenn sie sich unter den gleichen Voraussetzungen gleichmäßig wiederholen. Das einfachste, beste und sicherste Ergebnis wäre es wohl, wenn sich bei allen Untersuchungen gleicher Art stets die gleichen Ausschläge ergeben würden, ohne Rücksicht darauf, welche Person die Versuche vornimmt und ohne Rücksicht darauf, mit welcher Art von Pendeln sie manipuliert. In der Praxis ist eine so weitgehende Übereinstimmung gar nicht nötig. Es genügt, wenn eine und dieselbe Person über Untersuchungsgegenständen gleicher Art stets die gleichen Ausschlagsformen erzielt, so daß diese Ausschlagsformen für diese Person deutungsfähig sind, ohne Rücksicht darauf, ob andere Pendler dieselben oder andere Schwingungsbilder erhalten. Die Erfahrung lehrt, daß bisweilen zwei verschiedene Pendler, die ein und denselben Gegenstand mit ganz gleichen Pendeln untersuchen, verschiedene Schwingungsbilder erhalten. Am deutlichsten tritt das bei jenen Versuchen zutage, die auf die Bestimmung des Geschlechtes abzielen. *Glahn*, jener erfolgreiche Praktiker, lehrt in seinem Buche ‚Radio der Natur', daß der Pendel über männlichen Objekten in Kreisen, über weiblichen in Ellipsen schwingt, und er sagt dann weiter: ‚Da wurde vor zwei Jahren ein Geschlechtsprüfer in

Massen auf den Markt geworfen, ein sehr minderwertiger Pendel mit Gebrauchsanweisung. Unwahr ist darin die Behauptung, jedermann könne mit dem Pendel arbeiten, geradezu irreführend war aber in einer mir vor Augen gekommenen Gebrauchsanweisung die Kennzeichnung des Geschlechts: der Kreis für weibliche, die Längsellipse für männliche Eier.‘

Nun, der Verfasser dieser Gebrauchsanweisung könnte mit gleichem Recht *Glahns* Angaben als ‚irreführend‘ bezeichnen, denn er hat eben, vielleicht bei Hunderten von Versuchen, das von ihm angeführte Ergebnis erzielt. Und zudem steht er mit seinen Angaben durchaus nicht allein da. Beispielsweise sei angeführt, daß die Berliner Kriminalpolizei gleichfalls Versuche unter der Annahme vorgenommen hat, daß der siderische Pendel über männlichen Objekten in Ellipsen, über weiblichen in Kreisen schwinge. Noch ein anderer, etwa *Wersch,* könnte die Angaben beider, die *Glahns* und des Eierprüfers, als ‚irreführend‘ bezeichnen, denn bei ihm tritt eine dritte Art des Ausschlages auf. *Wersch* schreibt: ‚. . . ist der Embryo männlich, so wird der Pendel hin- und hergeschlagen. Ist der Embryo dagegen weiblich, dann wird der Pendel zu kreisen beginnen.‘

Ich selbst habe bei verschiedenen Personen sämtliche drei Arten des Ausschlagens beobachtet, und es ist wohl nur ein Zufall, daß mir nicht auch die Umkehrung des *Wersch*schen Ausschlages unterkam. Herr *Wersch* selbst hat sie in einem Fall beobachtet. Diese Verschiedenheiten sind für den ersten Augenblick so befremdend, daß sie sogar viele, und gerade die Ernstesten, von weiterer Beschäftigung mit dem Pendel abschrecken. Den erfahrenen Pendler stören sie hingegen gar nicht. Sehr treffend und gerade auf unseren Fall wie zugeschnitten, schreibt Dr. med. *Karl Weiß:* ‚In vielen landwirtschaftlichen Schulen und auch sonst in landwirtschaftlichen Betrieben bependelt man schon seit langem die Bruteier, um unter den ausgebrüteten Hühnern möglichst viele Hennen zu bekommen, und zwar mit gutem Erfolg. Hier möchte ich noch eine Erfahrung erwähnen, die ich machte, als ich mit einer in der Pendeluntersuchung der Eier erfahrenen älteren Dame zusammen etliche Eier untersuchte. Wir untersuchten getrennt, verglichen unsere Ergebnisse, und sie stimmten durchwegs überein; nur waren bei ihr die für männlich und weiblich charakteristischen Pendelschwingungen umgekehrt wie bei mir; sie erhielt immer für weibliche Eier Kreise und für männliche Ellipsen. Es scheint, daß Abweichungen in der Richtung der Kurven vorkommen, was aber nichts ausmacht, wenn sie nur für ein und denselben Untersucher konstant sind. Ob es richtig ist, daß der Pendel über unbefruchteten Eiern nicht ausschlägt, vermag ich aus eigener Erfahrung nicht zu sagen, da ich nicht der glückliche Besitzer eines Hühnerhofes bin.‘ Dr. med. *Weiß* und ich stimmen also in der Hauptsache vollkommen überein. Zu erwähnen wäre noch, daß gewisse Ausschlagsformen in so großer Überzahl auftreten, daß man sie als Normalausschlag bezeichnen kann. Nach der allgemeinen Erfahrung gelten Kreise als Normalausschlag über

Gold, über männlichen und sonnenbeeinflußten Objekten, Ellipsen als Normalausschlag über Silber, über weiblichen und mondbeeinflußten Objekten."

Diese klaren Darlegungen von Dr. *Tietze* lassen die schon mehrfach betonte Notwendigkeit erkennen, daß jeder Forscher seine nur ihm eigene Pendelsprache erkunden muß. Hierzu seien einige Hinweise gegeben.

## Praktische Versuche

Der sich aller sexuellen Ausschweifungen enthaltende, naturgemäß ernährende Forscher (auch Rauchen und Alkoholgenuß stören!) experimentiere nur, wenn er sich innerlich ausgeglichen und körperlich wohl fühlt. Dabei muß der Pendler sich einer idealen Weltanschauung erschließen. Wer um materieller Dinge willen pendelt, wird gar zu leicht zum Betrüger an sich selbst und an seinen Mitmenschen.

Zu Versuchen ziehe man sich allein in ein ruhiges Zimmer zurück. Man setzt sich, nachdem man alle Metallgegenstände aus dem Anzug und der näheren Umgebung entfernt hat, mit dem Gesichte nach Süden schauend, an einen Holztisch. Auf einen neutralen Bogen Papier lege man ein Goldstück. Zwischen Daumen und Zeigefinger der rechten Hand nehme man den Pendel (Ehering an einem 5 bis 30 cm langen Seidenfaden oder Messingpendel), stütze den Ellenbogen auf den Tisch und halte die Pendelspitze 5 mm bis 1 oder 2 cm über das Goldstück, völlig ruhig. Alle Nebengedanken sind auszuschalten. Man konzentriere sich auf die Frage: „Schwinge bitte das für mich geltende Pendelbild für Gold." Man beachte, daß sich im Goldstück noch andere Metalle befinden, die ihr eigenes Pendelbild schwingen. Deshalb die Fragestellung auf Gold! Jede skeptische Einstellung ist streng zu vermeiden. Normalerweise wird der Pendel einen Kreis schwingen. Voraussetzung ist natürlich, daß der Pendler befähigt ist zu pendeln. Rührt sich der Pendel nicht, so mache man weitere Versuche, man muß nicht gleich mutlos werden. Bleiben auch diese ohne Erfolg, dann erübrigen sich weitere Experimente. Bei Begabung beginnt der Pendel sofort energisch zu schwingen. Nun notiere man in sein Experimentierheft: Ausschlag über Gold = Kreis, oder falls sich eine Ellipse ergibt, vermerkt man: Ausschlag über Gold = Ellipse.

Nun bependelt man auf gleiche Weise Bilder von männlichen Personen. Es wird sich das gleiche Pendelbild wie über Gold ergeben. Weiter bependelt man männliche Tiere. Dann bependelt man Silber, weibliche Personen und weibliche Tiere; es ergibt sich dann das Zeichen für das Weibliche. Gifte, giftige Pilze usw. kommen an die Reihe. Man lernt das Zeichen für Gifte kennen, meistens ein Strich. So muß man Hunderte von Versuchen machen und alle Ergebnisse genau registrieren. Später gebe man die Bilder, Gift usw. in neutrale Umschläge, mische diese und prüfe, wie weit die Treffsicherheit steigt. Wer von den verehrten Lesern die Darlegungen bis hierher genau verfolgt hat, dem muß es klar sein, daß ein allgemein gültiges Schema nicht geboten werden kann. Die später folgenden Beispiele geben genügend Anregungen zum weiteren Experimentieren.

Das über Gold und männlichen Wesen erarbeitete Pendelbild gilt als positiv. Das über Silber und weibliche Wesen erarbeitete als negativ, also gegenpolig, nicht aber als schlecht oder giftig; das im wahren Sinne „negative", also ablehnende Element ergibt sich aus dem Pendelbild, das zum Beispiel über Gift schwingt und das übereinstimmt mit dem Pendelbild für Verbrechen, Kriminalität usw.

### Feststellung der eigenen Pendelbahn

Ergänzend kann man den Versuch des Ing.-Majors *Sperling* anfügen. Er schreibt: „Um unsere eigenen Pendelausschläge und Pendelbahnen kennenzulernen, brauchen wir zwei Magnete. Am geeignetsten sind in diesem Falle kleine Stabmagnete. Fünf bis zehn Stück von diesen Magnetstäbchen werden zusammengebunden zu einem einzigen Magneten, der auch für einen Anfänger genügend stark ist. Am sichersten ist es, jeden Magnetstab erst zu kontrollieren, welches Ende positiv und welches negativ ist. Hierzu ist ein kleiner Kompaß geeignet. Die Spitze der Kompaßnadel, die nach Norden gerichtet ist, ist negativ. Nähern wir dieser Spitze das eine Ende des Magnetstabes und wird die Kompaßnadel abgestoßen, so ist auch dieses Ende des Stabes negativ und das andere positiv. Dann setzen wir den Pendel in Bewegung und halten ihn über den positiven Pol. Wir erhalten dann einen Pendelausschlag, und dieser Ausschlag bedeutet also für uns positiv. Der Ausschlag, den wir über dem negativen Pol erhalten, bedeutet negativ. Werden unsere Magnete so mit den gleichartigen Polen nebeneinandergelegt, und wir pendeln zwischen beiden, so beschreibt der Pendel eine gerade Linie, einen Trennungsstrich, parallel den Magneten. Wird der eine Magnet so umgelegt, daß die ungleichartigen Pole einander gegenüberkommen, beschreibt der Pendel ebenfalls eine gerade Linie, aber senkrecht zu den Magneten, der Pendel macht einen Verbindungsstrich."

Der Forscher *W. Wehdanner* pendelte über einem magnetischen Feld. Für ihn galt der rechtsgedrehte Kreis als „ja", als harmonisch und gut, der linksgedrehte als „nein", disharmonisch und schlecht. Die waagrecht liegende Ellipse in Rechtsdrehung besagte besonders erfolgreich und gut, in Linksdrehung besonders erfolglos und schlecht.

## Arten der Pendelbewegung

Der Forscher *Heinrich Jürgens* unterscheidet drei Arten von Pendelbewegungen:

a) die dynamische, durch innere Kräfte wirkende;

b) die „siderische", wörtlich sternenhafte, das soll heißen durch Ausstrahlungen wirkende;

c) die spirituelle, durch Führung und Einfluß wirkende. In diesem Falle kann bzw. muß Fremdeinfluß, evtl. durch Jenseitige, angenommen werden.

Im Falle a) und b) spielen Odstrahlungen wohl die Hauptrolle. Es sei hier auf die Forschungen der Gelehrten Dr. *Freiherr von Reichenbach* und Dr. *Quade* verwiesen. Jeder Pendelforscher muß sich mit der Odlehre auseinandersetzen. In einer groben Skizze, wie der vorliegenden, kann man lediglich Anregungen zu interessanten Versuchen geben. Eine wissenschaftliche Arbeit über das Pendeln würde einige starke Bände verlangen.

Wohl spielen die „inneren Kräfte", das sogenannte Unterbewußtsein, in der Pendelpraxis der erfolgreichen Pendler eine große Rolle. Der Pendel erschließt das Unterbewußtsein. Der stark metapsychisch begabte Pendelforscher *Heinrich Jürgens* sagt so treffend: „Daß die Urgründe der gesamten Pendelpraxis in feinen Dingen und feinen Gesetzen der Jenseitsnatur des Menschen begründet liegen, ist eine Tatsache, die niemand leugnen kann. In diese Urgründe hinabzusteigen und aus den Tiefen der Seele Kräfte ans Licht des Tages zu fördern, ist der eigentliche Zweck der Pendelpraxis." — „Der Pendel ist also ein Mittel, um sowohl die Tore zum Bereich des eigenen Unterbewußtseins, als auch zum Bereich der schöpferischen Kräfte und der vorhandenen Schätze in der Gesamtnatur aufzuschließen. Er ist also einer der Schlüssel zum verborgenen Naturreich."

## Außersinnliche Wahrnehmungen

San.-Rat Dr. med. *Pagenstecher* hat die Ergebnisse vieler anderer parapsychologischer Forscher experimentell bestätigt, nämlich, daß der Mensch die Fähigkeit hat, ohne Augen zu sehen, ohne Ohren zu hören, kurzum außersinnliche Wahrnehmungen zu machen. Prof. *Durville,* General *de Rochas,* Dr. *Fritz Quade* und vor allem Dr. med. *Fr. Schwab* haben die uralte Erkenntnis wieder an das Tageslicht gebracht, daß in unserem fleischlichen, verweslichen Leib ein feinstofflicher, unverweslicher Leib wohnt, der der Träger nicht nur unserer fünf Sinne, sondern auch jener Fähigkeiten ist, die wir als übersinnlich, außersinnlich, mit Hellsehen, Hellhören usw. bezeichnen. Prof. *J. B. Rhine,* Ordinarius der Psychologie und Direktor des Parapsychologischen Laboratoriums an der Duke-Universität, führte Hunderte von Versuchsreihen unter Ausschluß aller nur erkennbaren Fehlerquellen durch und gibt uns das Ergebnis bekannt, nämlich, daß der Geist des Menschen über Raum und Zeit hinweg wirken kann, ja, er bestätigt auch die Realität der Prophetie. Bei diesen Wahrnehmungen handelt es sich nicht bloß um einen sogenannten sechsten Sinn, um eine allerfeinste physische Wahrnehmung, sondern um Wahrnehmungen, die nicht von dieser Sinnenwelt sind und auch keinen physikalischen Gesetzen unterworfen sind. Also handelt es sich um Jenseitsfähigkeiten unseres unsterblichen Menschen, um Geist, unabhängig von Gehirnzellen. Prof. *Rhine,* von Hause aus Naturforscher, hat aber auch hundertfach experimentell bewiesen, daß der Geist physikalische Akte auf Entfernung durchführen kann. Raum und Zeit spielen keine Rolle. Diese Tatsachen sind auch für die Pendelforschung von größter Bedeutung. Das materialistische Weltbild hat einen traurigen Bankrott gemacht. Der Materialismus, der, wie schon Schopenhauer lehrte, zum Bestialismus führt, ist heute nur noch die Weltanschauung seelenloser und minderbegabter Menschen. Alle Religionen, alle Weisen, Denker und Dichter lehnen den Materialismus ab. Wir, die wir in zwei Weltkriegen das Ergebnis des Materialismus an Leib und Seele spürten, tun es auch.

In der Pendelforschung spricht man von einer Erschließung des Unterbewußtseins durch den Pendel. Statt Unterbewußtsein könnte man schließlich auch Überbewußtsein sagen. Es handelt sich eben um übersinnliche Fähigkeiten, die unserem inneren, unserem unverweslichen, unsterblichen Menschen, von dem schon der Apostel *Paulus* spricht, angehören.

## Feststellung von Leben und Tod

Das Leben zeigt sich durch Schwingungen des Pendels über Bild oder Handschrift an, Tod durch Stillstand des Pendels. Man muß jedoch sehr, sehr vorsichtig in der Feststellung so schwerwiegender Dinge sein, große Praxis besitzen und dabei alle Fehlerquellen gründlichst berücksichtigen.

Der Pendelforscher *B. Wehdanner* mußte des öfteren die Erfahrung machen, daß die Frauen gefallener Soldaten die Photographien ihrer toten Männer mit den Gedanken, daß sie noch leben müßten, imprägnierten. Das Pendelbild ergab tatsächlich Schwingungen über den Photographien. Wenn Photos Gefallener sehr lange von Angehörigen an der Brust oder in der Rocktasche getragen werden, dann nehmen sie die Odstrahlen der Träger auf. Der Pendler findet dann im Experiment, daß das Bild genau die Pendelbahnen des Trägers aufweist, also mit den charakteristischen Pendelschwingungen des Trägers übereinstimmt. Lichtbilder und Handschriften, die durch Emanationen jener Menschen, die sie längere Zeit am Körper oder in der Brusttasche herumtragen, beeinträchtigt sind, lüftet man 24 Stunden vor der Pendeluntersuchung. Auch durch magnetische Striche kann man Abhilfe schaffen.

Der Arzt *Naum Kotik* hat bereits diese Beodung oder den „Gedankenäther", wie er sagte, experimentell festgestellt. Er richtete scharf ausgeprägte Gedanken und Vorstellungen auf ein reines Blatt Papier und ließ dann eine sensitive Person das Blatt an die Stirn halten, worauf diese die Gedanken und Vorstellungen des Arztes richtig ablas. Wenn er diese völlig leeren Blätter signierte, dann mischte, ja zum Beispiel eine nur gedachte Persönlichkeit auf den Kopf stellte, dann konnte die Sensitive jederzeit wieder das richtige Gedankenbild lesen und die absichtlich auf den Kopf gestellte Persönlichkeit beanstanden. Was nun hier die sensitive Person wahrnimmt, das nimmt in unserem Falle der Pendel wahr und spricht es in Form von Pendelschwingungen aus.

Der Pendelforscher *Edwin Rinne* sagt: „Über das Herz gehalten, verrät uns der Pendel, ob der betreffende Mensch noch lebt oder bereits unter den Toten weilt. In letzterem Falle tritt über dem Herzen Pendelstillstand ein. Dieses Moment spielt in der Abpendelung von Photographien vermißter oder verschollener Personen eine ganz unschätzbare Rolle. Auch bei Verdacht auf Scheintod wäre hier ein Erkenntnisweg geboten.

Jede Photographie stellt — außer der Wiedergabe der rein körperlichen Erscheinung — noch ein psychisches Konterfei der dargestellten Person dar. Wie bereits gesagt, nehmen alle Gegenstände, die mit uns in Berührung kommen, die feinsten Teile von unserem individuellen Ich, von unserer Ausstrahlung oder unserem persönlichen Fluidum auf. Ganz besonders ist dies aber bei der Photographie der Fall. Es stellt dieser Vorgang gewissermaßen eine psychische Kraftabgabe des Individuums dar. Unsere Psyche hat somit von dem betreffenden Körper Besitz ergriffen und zieht diese Emanationen bei ihrem Scheiden von dieser irdischen Welt wieder aus allen Dingen zurück, an die sie sich bei Lebzeiten verausgabt hatte. Warum sollte auch die Seele in einem Gegenstand, den sie bei Lebzeiten quasi mit ihrer Potenz durchdrungen hat, länger verweilen, als in ihrem eigentlichen Gehäuse, dem physischen Körper?

Im Moment des Todes löst eben die Seele alle Beziehungen, die sie zu allen irdischen Dingen gehabt hat, und zieht sich zurück ins Reich des ewigen Schweigens ... Für die Seele haben die Dinge nur einen Wert, solange sie im grobstofflichen materiellen Leibe weilt. Mitnehmen können wir nichts ins Jenseits. Sollte das die Anhäufer materieller Güter nicht doch zum Nachdenken zwingen? — Ist nun der Mensch tot, so zeigt auch der Pendel — über das Herz der Photographie gehalten — durch seinen *Stillstand* sofort die Lösung der Psyche von derselben an. Mit dem Stillstand des Herzens reißt auch der Faden, der die Photographie mit dem betreffenden Menschen verbindet."

Hören wir noch, was ein erfahrener Arzt und Pendelforscher zu der Feststellung des Todes durch den Pendel zu sagen hat.

Sanitätsrat Dr. med. *E. Clasen* schreibt in seinem vortrefflichen Werke „Die Pendeldiagnose": „Eine viel umstrittene und angezweifelte Frage ist die, ob sich vermittels des Pendels aus Handschrift oder Photographie der Tod feststellen läßt. Das unterliegt gar keinem Zweifel, man muß nur die richtige Frage stellen, und zwar nach ‚Lebenskraft' oder ‚Herzfunktion'. Schon bei der Untersuchung von Kranken erweist sich das Pendeln auf ‚Lebenskraft' oft als sehr wertvoll. Hier muß nun zunächst vorausgeschickt werden, daß man beim Pendeln auf Lebenskraft gesunder Personen eine aus Rechtskreisen sich entwickelnde horizontale Scheibe erhält als Zeichen voller Lebenskraft. Es gibt nicht selten Kranke, bei deren Krankheit man trotz allen Überlegens nicht zu einem sicheren Urteil zu kommen vermag über ihre Bedeutung für Leben oder Sterben.

Hier erweist sich das Pendeln auf Lebenskraft als ein vorzügliches Hilfsmittel. Hat man beispielsweise einen Kranken, dessen Krankheitszustand das Schlimmste befürchten läßt, und erhält nun beim Pendeln auf Lebenskraft mehr oder minder große Rechtskreise, so darf man über den Ausgang beruhigt sein, da trotz der bedrohlichen Krankheitserscheinungen die vorhandene Lebenskraft noch auf einen guten Ausgang hoffen läßt.

Ich will hier noch folgenden Fall erwähnen. Eines Morgens holte mich ein Mann aus dem Bett mit dem Verlangen, ich müßte augenblicklich zu seiner dreizehnjährigen Tochter kommen. Diese war monatelang in einem Lungensanatorium gewesen und von dort wegen erfolgloser Behandlung zurückgeholt worden. Bevor ich indessen mit dem Manne ging, holte ich mir aus meiner Kartei die ‚Krankenkarte' des Mädchens heraus und pendelte auf ‚Lebenskraft', wobei der bis dahin lebhaft schwingende Pendel schnell zum Stillstand kam. Der Mann, der die Manieren des Pendels einigermaßen kannte, brach, als er ihn zum Stillstand kommen sah, in Tränen aus und eilte nach Hause, wo er dann seine Tochter mittlerweile verstorben vorfand . . ." — „Indes wird es nun hohe Zeit, den verlorenen Faden wieder aufzunehmen und kurz zu sagen, woran an Photographie oder Handschrift einer Person deren Tod zu erkennen sei: Also beim Pendeln auf Lebenskraft solcher Personen steht der Pendel unbeweglich still. Pendelt man dann: Herz, Funktion?, so steht auch hier der Pendel völlig still. Anders ist das jedoch mit

Krankheitszuständen, die sich unbehindert durch den Tod noch nach Jahrzehnten aus Photographie und Handschrift pendeln lassen."

Es liegt eben alles mit an einer sehr klaren, eindeutigen Fragestellung.

## Geschlechtsbestimmung

Sobald man durch gewissenhafte Forschung sein spezielles Pendelbild für männlich und weiblich festgestellt hat, wir haben ja gerade diesen Punkt schon eingehend behandelt, wird es ein leichtes sein, eine Geschlechtsbestimmung vorzunehmen. Bei normalpolarisierten Menschen ist der Kreis das männliche Zeichen, man spricht von einem „männlichen Kreis", und die Ellipse das weibliche Zeichen, man sagt die „weibliche Ellipse". So kann man die Eier auspendeln. Ein Kreis bedeutet männliches Geschlecht, eine Ellipse weibliches Geschlecht. Pendelstillstand: unbefruchtet. Schrägstrich: faules Ei. Wie aber immer wieder betont, muß jeder Pendler in jahrelanger Praxis seine Methode erarbeiten. Hat man eine Briefunterschrift, die nicht erkennen läßt, ob der Schreiber männlichen oder weiblichen Geschlechts ist, so hält man den Pendel über die Unterschrift und stellt die Frage: „Ist der Verfasser des Schriftstückes männlichen Geschlechts?" Die Antwort gibt der Pendel mit der Schwingung.

Die Versuche kann man beliebig auf Menschen, Tiere und Pflanzen erstrecken. Ja, sogar das Geschlecht des ungeborenen Kindes läßt sich erkunden. „Mir hat der Pendel, wenn mir die Hand oder die Handschrift der Frau zu Gebote stand, auf die Frage: ‚Das ungeborene Kind, Geschlecht?‘ noch immer die richtige Antwort gegeben durch das Pendelbild des männlichen oder weiblichen Geschlechts“, sagt uns der alte Pendelpraktiker, Sanitätsrat Dr. med. *E. Clasen.*

## Vermißtensuche

Ein sehr lehrreicher Fall wurde mir von Herrn Oberingenieur H. Z. zur Verfügung gestellt. Herr Z. schreibt:

„Mein Bruder Josef, der in Rußland schwere Erfrierungen erlitten hatte, war viele Monate in einem Lazarett in Garmisch. Nach seiner Genesung ist er zu einem Kurs für Nachrichtenübermittlung nach Mitteldeutschland eingezogen worden und stand einige Zeit mit mir in brieflicher Verbindung. In einem seiner letzten Schreiben, die ich Anfang 1945 erhielt, machte er mir Andeutungen, daß er — vermutlich zu einem Einsatz — weit weg komme und ich einige Zeit von ihm nichts hören werde. In der Tat hörte ich auch von ihm bis zum Kriegsende nichts mehr und war sehr in Sorge, wo er sich jetzt wohl befinde, und ob er noch am Leben sei. Ein Pendelversuch über seinem Bilde ergab Kreise, auch bei mehrmaliger Wiederholung, woraus ich schloß, daß er noch lebe. Ich wollte nun unbedingt wissen, wo er sich aufhielt. Da kam mir der Gedanke, den

Ort auf einer großen Karte von Europa, auf der auch Rußland bis zum Ural, die Türkei, Nordafrika, Spanien, Frankreich und England sowie Norwegen zu sehen waren, durch Auspendeln festzustellen. Ich konzentrierte mich nun ganz auf die Frage: Wo ist Sepp? So nannten wir unseren Bruder im engsten Kreise.

Ich begann über Augsburg und fuhr mit dem Pendel ganz langsam erst nach Süden. Sofort hörten die kleinen Kreise auf, und ich empfand einen ganz eigenartigen Zug, der sich so äußerte, als ob das Pendel immer schwerer würde, je weiter ich nach Süden ging. Ähnlich war es mit Ost und West. Je mehr ich nach Norden kam, desto leichter wurde das Pendel. Nach etwa einer halben Stunde erreichte ich einen Punkt über Schleswig, wo das Pendel ganz kräftige, große Kreise beschrieb. Ich wiederholte den Versuch noch mehrere Male immer mit dem gleichen Resultat. Ich bemerke ausdrücklich, daß ich sehr skeptisch war und jeden neuen Versuch mit der Erwartung begann: Wohin wird das Pendel meine Hand wohl führen? Stets fühlte ich einen Zug oder Drang, der vom Pendel ausging und nach Norden führte. Auch von Nord-Norwegen aus zog es nach Süden bis über Schleswig. Ich drehte die Karte um 180 ° und hatte das gleiche Ergebnis. Bei den ganzen Versuchen dachte ich immer an Sepp und an die Frage: Wo ist er jetzt?

Vier Wochen danach — Anfang Juni — bekam ich eine Mitteilung, daß Sepp bald heimkäme. Er kam auch bald danach, und ich erfuhr, daß er die ganze Zeit in der Nähe von Flensburg war."

## Charakterfeststellung

Zur Charakter-Auspendelung kann man über dem Sonnengeflecht (solarus plexus) der Person, der Hand, über einer Photographie, einem Schriftstück, Taschentuch usw. arbeiten. Allgemein pendelt man über Kopf oder Herz. Je unkomplizierter, also einfacher, eine Person ist, desto geringer sind die jeweiligen Kreise, Ellipsen und Striche. Jeder Mann pendelt neben den männlichen Kreisen auch weibliche Ellipsen, sind doch in jedem Wesen männliche und weibliche Eigenschaften vorzufinden. Vorausgesetzt, daß der Pendler „normal“ pendelt, kann er die eingangs der Schrift erwähnten Bedeutungen der Kreise, Ellipsen und Striche verwenden.

*Edwin Rinne* betont unter anderem: „Zur Auspendelung des Charakters, nachdem das Geschlecht bestimmt ist, setzt man den Pendel auf die Mitte der Brust (auch auf der Photographie). Je weiter und größer die Ausschläge, desto größer und besser ist auch der Charakter. Schrumpfen die Pendelausschläge zusammen, so ist Egoismus und Hartherzigkeit vorhanden. Sind die letztgenannten Ausschläge lang, so läßt das auf kalte und berechnende Rücksichtslosigkeit schließen. Pendelbahnen, die zuerst weit sind und dann sich immer mehr und mehr verengen, zeigen eine Versimpelung der geistigen Interessen und des Charakters des betreffenden Menschen an. Im umgekehrten Fall läßt es auf einen geistigen Aufstieg schließen. Intelligenz und geistige Regsamkeit wird durch die Dreiecksform des Pendelausschlags über dem Kopf des Menschen angedeutet.

Menschenliebe kommt in einer liegenden großen Ellipse zum Ausdruck. Nur gleichartige Pendelbahnen verraten Mangel an Individualität und Initiative. Schlägt der Pendel mehr nach oben, so herrscht das geistige Element vor; im umgekehrten Falle dagegen das materielle. Der Ost-West-Strich verrät in der Charakterpendelung eine völlige geistige und moralische Minderwertigkeit.

Die Linie von links oben nach rechts unten gibt Aufschluß über die Verstandeskraft und Intelligenz des Menschen, während die von rechts oben nach links unten über das Maß des Gemüts orientiert. Eine Gleichmäßigkeit der Schwingung läßt Analogien auf den Charakter ziehen. Alles Aktive und Wirkende treibt den Pendel nach oben, das heißt in den Süden, wogegen alles Schlaffe und Passive ihn nach Norden, das heißt dem Pendler zuführt."

Der Forscher *Heinrich Jürgens* berichtet einen interessanten Fall. Er schreibt: „Mir liegt das Bildnis eines Mannes vor, der sich scheinbar in den besten Jahren befindet. Ich halte den Pendel über die Herzgegend. Die Antwort ist vollkommene Pendelruhe. Ich weiß daraus, daß der Abgebildete tot ist. Meine Frage nach der Charakterveranlagung ergibt 85 Kreise, 17 Ellipsen, 340 Kreise. Das heißt nach der Beantwortung meiner Fragestellung: Starke Persönlichkeit mit mannhaftem Wesen, doch sehr sympathisch und gewinnend. Er hat unauslöschlichen Eindruck bei seinen Freunden hinterlassen. Meine Frage nach seinem Todesdatum ergibt 15 Kreise, 7 Ellipsen, 18 Striche (wobei ich mir vorher ausmachte, daß Kreis gleich Tag, Ellipse gleich Monat und Strich gleich Jahr im zwanzigsten Jahrhundert heißen sollte). Es stellte sich heraus, daß der Photographierte am 15. Juli 1918 gefallen ist.“

Dr. med. *Richardswalde* bringt einen gleichfalls sehr interessanten Fall: „Der Fall betraf ein altes Mütterchen von 86 Jahren, welches an Aphasie und Schwund der Denkfunktionen in hohem Grade litt. Ihre Tochter und Bekannte gaben an, daß sie in früheren Jahren eine Frau von etwas den Durchschnitt der besseren Stände überragenden Bildung und Intelligenz war. Zufälligerweise lagen die Photographien, von ihrem 30. Lebensjahr beginnend, in reicher Anzahl vor. Die junge Frau zeichnete sich durch ein hübsches, vergeistigtes Gesicht aus, welches ihr auch, freilich durch das Alter verändert, bis gegen Ende des 60. Lebensjahres blieb.

Über diesen Photographien wurden nun Pendelversuche vorgenommen. Dieselben ergaben den normalen Ausschlag. Jedoch wiesen die Photographien des 50. Jahres bereits verminderte Intelligenz bei guter vitaler Schwingung auf. Die Photographie des 60. Lebensjahres zeigte nur mehr schwachen Intelligenzausschlag, der mit dem 70. Jahre, dem des Beginns des Denkschwunds, aufhörte. Die jüngsten Photographien weisen nur mehr schwache Vitalitätserscheinungen auf.“

## Harmonie und Disharmonie

### Passen zwei Menschen zusammen?

Diese Frage bewegt Menschen, die sich für das Leben verbinden wollen, aber auch für echte Freundschaften, für erfolgreiche Geschäftsverbindungen ist

sie von ausschlaggebender Bedeutung. Die einfachste Methode besteht darin, daß man zwei Photos nebeneinanderlegt. Schwingt ein großer Kreis beide Bilder ein, dann herrscht wahre Harmonie, die um so größer ist, je weiter der Kreis ausschwingt.

Statt Kreise bei Harmonie schwingt bei manchen Pendlern ein Verbindungsstrich zwischen beiden

Bildern. Disharmonie wird durch Trennungsstriche bzw. durch Ellipsen angezeigt. Man prüfe also vorsichtig und streng.

Man kann bisweilen feststellen, daß bei Menschen, die total verliebt sind, dennoch der Trennungsstrich auftritt. Es ist eben dann nur leidenschaftliche Liebe, die sich im Lebenskampf bald verlieren dürfte.

Oft kann man beobachten, daß Kreise in Striche übergehen und dann diese wiederum in Kreise. Es handelt sich da um Menschen, deren harmonisches Verhältnis zeitweise gestört ist. Die Störung dauert aber nicht allzu lange. Sie raufen sich wieder zusammen.

Sympathie und Antipathie zeigt der Pendel wunderbar an.

Der begabte Beobachter kann auch an den Schwingungen feststellen, von welcher Seite Sympathie und Antipathie größer sind.

Statt der Bilder kann man natürlich auch Handschriften nehmen. Die Interessierten können auch ihre Hände nebeneinanderlegen. Doch ist es ratsam, der Pendler arbeitet an Hand von Unterlagen ungestört allein, da die Gedanken der Zuschauer das Pendelbild beeinflussen können, wodurch Fehlergebnisse eintreten.

Steht der Pendel zwischen den beiden Bildern still, dann liegt kein gegenseitiges Interesse vor.

## Suche nach verlorenen Gegenständen

Von einer Pendelforscherin, die sehr kritisch eingestellt ist und von Berufs wegen über gediegene naturwissenschaftliche Kenntnisse verfügt, erhalte ich zwei Berichte, die selten klar und eindeutig aufzeigen, wie man nach verlorenen Gegenständen mit dem Pendel sucht. Die Dame ist stark metapsychisch begabt, lebt nach reformerischen Grundsätzen und hat auch Fastenkuren, die längste 30 Tage, durchgeführt. Eine natürliche Ernährung und vor allem das Fasten steigern die Sensitivität und damit die magischen Fähigkeiten, also auch die Pendelfähigkeit. Eine tiefreligiöse Einstellung, eine seltene Selbstlosigkeit und Hilfsbereitschaft den Mitmenschen gegenüber aktivieren zweifellos diese Kraft, wie dies auch der Pendelforscher Pfarrer *J. Bolte* betont. Deshalb hüte man sich vor Geschäftemachern. Die wirklichen Könner sind die Stillen im Lande!

## Pendel entdeckt Radio in einer Hausruine

„Nach einem Fliegerangriff hatte ich meinen noch geretteten geringen Hausrat bei einer befreundeten Familie in dem ersten Stock ihres Hauses abstellen dürfen. Dann war ich krank geworden und flüchtete aus der Großstadt in das Haus meiner Mutter auf das Land. Der Krieg tobte weiter. Durch eine Sprengbombe wurde auch das Haus, in dem der Rest meiner Habe untergebracht war, zerrissen, die eine Hälfte vollständig dem Erdboden gleichgemacht, wie mir die Leute schrieben. Wie ein Horst würde die eine Ecke, in welcher ein Teil meiner Sachen gestanden hätte, noch aufragen, aber von Trümmern und dem herabgestürzten Dach teilweise versperrt. Nach rund eineinhalb Jahren wurde dann das Erdgeschoß des Hauses wieder aufgebaut und dabei auch die Trümmer entfernt, die in den neu aufgebauten Teil des Hauses hineinragten. Von unten konnte man nun gut in den Winkel des aufgerissenen Raumes im ersten Stock hineinsehen, aber auch von der Decke des Erdgeschosses aus hineingehen. Meine Hausratreste lagen so völlig frei da. Leider konnte ich damals nicht in die Stadt fahren, um mich nach meinen Sachen umzuschauen. Als ein Bekannter aus der Stadt auf Besuch bei uns auf dem Lande weilte, kamen wir auf diese Angelegenheit zu sprechen. Ich holte meinen Pendel herbei, er sollte mir Auskunft geben, ob mein Radio in der Großstadtruine noch vorhanden wäre. Niemand von den Anwesenden glaubte nach Lage der Dinge mehr an das Vorhandensein des Apparates. Ich konzentrierte mich ganz auf das Radio und stellte in Gedanken die Frage nach dessen Vorhandensein. Ein Kreis sollte, wie bei mir immer, ‚ja' bedeuten, ein Strich das Gegenteil. Ich hatte seinerzeit das Radio in eine Decke gewickelt und in einer Kiste in der Ecke des Zimmers untergebracht. Auf diese Örtlichkeit konzentrierte ich mich scharf. Den Pendel hielt ich in der rechten Hand, so daß seine Spitze auf die Innenfläche der linken Hand zeigte. Nach einiger Zeit setzte sich der Pendel in Bewegung, er schwang Kreise, sehr zum Erstaunen von uns allen. Noch einmal machte ich den Pendelversuch über einer flüchtig hingezeichneten Planskizze des fraglichen Hauses, insbesondere des Raumes im ersten Stock, wo das Radio liegen sollte. Wieder dasselbe Resultat. Ich hatte noch ein großes Radio in einem eigenen Schränkchen. Gleich im Anschluß an den ersten Pendelversuch fragte ich den Pendel nach der Anwesenheit dieses Apparates. Ich erhielt einwandfreie Kreise. Dieser Apparat müßte also auch noch da sein. Bei der Frage, ob wohl der Volksempfänger (der erstgenannte Apparat) noch intakt sei, erhielt ich eine Bejahung, während diese Frage, den großen Apparat betreffend, verneint und gleich darauf bejaht wurde. Ich fragte: ‚So ist er wohl leicht beschädigt?' Der Pendel antwortete mit ja. Ich bat unseren Besuch, bei seiner Rückkehr am nächsten Tage gleich an die Hausruine bzw. Baustelle hinzugehen und sich umzuschauen. Wie freute ich mich, als ich einige Tage später in seinem Brief lesen konnte: ‚Ich kam gerade zur rechten Zeit dort an, das Radio lag ganz frei vorne in dem zertrümmerten Zimmer, ich wickelte es in die fragliche Decke und brachte es im Rucksack zu Frau *v. F.* Dort probierten wir gleich, ob es noch funktioniert — und siehe, es war ganz intakt.'

Bald darauf hatte ich Gelegenheit, selbst an das Haus zu kommen. Auf einem alten Ladenstück kletterte ich auf die Deckplatten des neugebauten Erdgeschosses und hatte nun Zutritt zu meinen Habseligkeiten, die zum Teil von sehr großen und schweren Steintrümmern zugedeckt waren. Ich arbeitete mich bis zu der Stelle durch, wo ich unter dem hereingeschleuderten Türgerüst mein Radioschränkchen eingeklemmt sah. Trotz aller Anstrengung konnte ich das Radio selbst erst nach Eindrücken der Rückwand freibekommen, so daß es an manchen Stellen Schaden erlitt. Aber auch hier hat mein Pendel recht behalten: der zweite Apparat war da, aber nicht mehr ganz intakt. Niemand hätte damals geglaubt, daß nach einem Lagern von über einem Jahr sich von meinen Sachen gerade die empfindlichsten noch finden würden. Deshalb begegneten meine Angehörigen meinen Versuchsergebnissen mit einem ungläubigen Lächeln. Doch hatte sich mir der Pendel auch in dieser sehr fraglichen Angelegenheit als ein zuverlässiger Berater und Helfer erwiesen."

### Ein verlorener Ring wird gefunden

„Es war nach dem Kriege. Nachdem ich mein Heim in der Großstadt durch Fliegerschaden verloren hatte, wohnte ich bei meiner Mutter in einem Haus auf dem Lande.

Eines Tages kramte ich in den Bodenkammern und auf dem Speicher in Bücherkisten und Flickschachteln, um Ordnung und Platz zu schaffen. Beim Abendessen fiel mein Blick plötzlich auf meine Hand, ich erschrak heftig: mein Ring fehlte. Es war der Ring meines verstorbenen Vaters und mir unersetzlich. Meine Schwestern behaupteten, den Ring beim Mittagessen noch an meinem Finger gesehen zu haben. Wo sollte ich nun suchen? So zeichnete ich zunächst eine ganz einfache Planskizze des ganzen Hauses, denn ich war überall gewesen, vom Boden bis im Keller, auch im Garten. Nun nahm ich meinen Pendel zur Hand und hielt ihn ganz ruhig über die Skizze der einzelnen Räume. Nach meiner Gepflogenheit zeigt ein Kreis ‚ja', ein Strich ‚nein' an. Zuerst erhielt ich lauter Striche, endlich über der Skizze des Schlafzimmers machte der Pendel Kreise. Ich zeichnete in das leere Viereck des Schlafzimmergrundrisses auch die Lage der Möbel ein. In der Ecke von Schrank und Waschkommode erhielt ich Striche, über dem Bett Kreisschwingungen. Also mußte ich hier meinen Ring finden. Ich hatte am Nachmittag der kranken Mutter den Rücken massiert, und dabei muß mir der Ring abgerutscht sein. Ich suchte nun aber nicht gleich nach, denn Mutter schlief gerade gut, ich sagte aber zu meiner Schwester, sie möge beim Umbetten von Mutter Obacht geben, da mein Ring bestimmt im Bett sein müsse. Als meine Schwester dann später die Betten herausnahm und schüttelte, rollte wirklich der Ring aus einer wollenen Decke auf den Boden. So hat mir mein Pendel zeitraubende Sucharbeit erspart."

## Auffinden von Wasseradern und Feststellung von Erdstrahlen

*Heinrich Jürgens*, der bedeutende, bereits mehrfach erwähnte Wünschelruten- und Pendelforscher, der ebenfalls stark sensitiv begabt ist, berichtet uns:

„Vor mir liegt die Landkarte eines Eifeldorfes mit seiner Umgebung. In diesem Gebiet sind an mehreren Stellen kleine Quellen vorhanden, die sich etwas warm anfühlen. Typisch ist, daß das Wasser im Winter nicht gefriert und der Schnee in der Umgebung der Quellen trotz harter Kälte taut. Ich sollte ausfindig machen, wo und in welcher Tiefe sich die Hauptader befindet, welchen Wärmegrad und welche Zusammensetzung sie hat. Zunächst teile ich mir die Karte in acht Quadrate ein. Der Pendel zeigt über den meisten Quadraten keine oder nur geringe Schwingungen, dagegen zeichnet er über dem fünften Quadrat heftigen Kreisschwung. Ich schließe daraus, daß sich die Hauptader der warmen Quellen dort befinden muß. Zunächst überquere ich das Terrain mit der Wünschelrute (gute Pendler sind meist gute Wünschelrutengänger) und mache nach den Anschlägen der Rute ausfindig, daß zwei Adern das Gelände durchqueren, die eine in etwas geringerer Tiefe als die andere. Die Ader in größerer Tiefe gibt jedoch heftigere Ausschläge der Rute. Ich stelle dann noch mit der Rute fest, daß sich die Quellenläufe an einer bestimmten Stelle überschneiden. Diesen Schnittpunkt bezeichne ich als die beste Bohrstelle. Dann nehme ich den Pendel zur Hand, um die Tiefe der Läufe zu ergründen. Nachdem der Pendel starke Kreisschwingungen zeigt, beginne ich bei jedem Wasserlauf mit Zählen und stelle fest, daß die stärkere Ader in 45 Meter Tiefe gelegen ist. Nach dem Wärmegrad der tiefer gelegenen Ader gefragt, lasse ich den Pendel schwingen und zähle bis zum Stillstand 52 Kreise = 52 ° C. Ein schwieriges Experiment ist die Feststellung des chemischen Inhalts der Quellader. Ich verschaffe mir eine Anzahl biochemischer Quellsalze (ca. 20), nehme je ein Fläschchen, das mit einem solchen Salz gefüllt ist, in die linke Hand und lasse den Pendel über dem Schnittpunkt der Adern schwingen, dabei im Auge behaltend, daß Ellipse verneinend, Kreis bejahend ist. So finde ich heraus, daß die Adern unter anderem Natrium, Kalium, Jod, Arsenik, Sulfur, Spuren von Merkur, Silber und einige Nitrate enthalten müssen. Das Ergebnis der Bohrungen bestätigte alles genau.

Ich werde gebeten, in der gleichen Gegend eventuelles Vorkommen von Blei zu konstatieren. Die vorgelegte Landkarte umfaßt eine Bodenfläche mit vielen Dörfern und einer Stadt. Zunächst teile ich die Karte wieder in acht Quadrate. Nach der Pendelprüfung ergibt sich für das zweite und sechste Quadrat starkes Vorkommen von Blei. Da meine Auftraggeber an der Gegend des sechsten Quadrates nicht interessiert sind, dagegen die Gegend des zweiten Quadrates ihre Belange anregt, so teile ich dieses größere Quadrat wieder in 80 kleinere Quadrate. Über jedes dieser kleinen Quadrate halte ich den Pendel mit der Frage: ‚Ja oder Nein?' Das Ergebnis lautet: In der Gegend der Quadrate 21, 44, 53, 76 muß gutes Bleivorkommen sein. Es ergibt sich weiter, daß in den Quadraten 44, 53, 76 bereits größere Bleibergwerke bestehen. Das Abschreiten des Quadrates 21 mit der Wünschelrute beschert den Konzessionsinhabern zwei starke, fast ganz reine Bleiadern.

Im Jahre 1912 befinde ich mich in Argentinien auf einem Landgut. Ich werde dort gebeten, nach dem Vorkommen von gutem Trinkwasser zu suchen. Ich nehme den Pendel zur Hand und schreite mit ihm die ganze Gegend kreuz und quer ab. Drei Tage suche ich vergeblich, da der Pendel nicht ausschlägt. Am Ende des vierten Suchtages beschreibt der Pendel plötzlich heftige große Kreise. Die Grabung ergibt gutes Trinkwasser in großer Menge in einer Tiefe von drei bis vier Metern."

Ich glaube, daß man keine lehrreicheren Beispiele geben kann, als die des erfolgreichen Praktikers *Jürgens.*

Die Feststellung von Erdstrahlen geschieht ebenfalls durch Pendel oder Rute. Nach den Feststellungen des Chefarztes der Städtischen Kinderklinik in Bayreuth, Dr. med. *F. A. Beck,* zeigen sich bei empfindlichen Menschen rheumatische Beschwerden, Asthma, Herzleiden, Schlaflosigkeit usw., wenn sie sich längere Zeit an Stellen aufhalten oder schlafen müssen, an denen Rute oder Pendel Reizstreifen, also die sogenannten Erdstrahlen, feststellen. Dr. *Beck* schreibt in der Januar-Nummer 1958 der „Reform-Rundschau" in einem bebilderten Aufsatz „Gesundheitsschädliche ‚Erdstrahlen'": „Da ich persönlich unter dem Einfluß von Reizzonen nach Umzug in eine neue Wohnung zu leiden hatte (schwere rheumatische Erscheinungen im rechten Knie und Hüftgelenk, nächtliche Wadenkrämpfe und Schlaflosigkeit), habe ich mich, da selbst rutenfühlig, intensiv mit dem Erdstrahlenproblem beschäftigt. Es gelang mir, nachzuweisen, daß bei herzkranken Menschen Unregelmäßigkeit in der Schlagfolge (Extrasystolien) und Pulsfrequenzschwankungen sich im Elektrokardiogramm (EKG) eindeutig änderten, wenn der Mensch zunächst auf einer Reizzone untersucht und sodann durch Aufstellung eines Entstörungsgerätes die krankmachende Wirkung der Reizzone ausgeschaltet wurde. Diese Untersuchungen waren die Grundlage meiner Sachverständigengutachten in den Prozessen und waren von maßgeblichem Einfluß auf den Verlauf und die freisprechenden Urteile."

Pendel und Rute haben also auch auf diesem Spezialgebiete eine wichtige Rolle zu spielen.

## Ärztliche Diagnosen

Über dieses Thema ließen sich Bücher schreiben. Für den verehrten Leser dieser groben Skizze mögen einige Hinweise genügen, zumal jeder Arzt und Praktiker im Laufe jahrelanger Studien sich seine eigenen Methoden und Pendelbilder erarbeiten muß. Der bekannte Pendelforscher *Ernst Schradin* gibt eine äußerst klare Beschreibung des Untersuchungsvorganges.

„Um jemanden zu untersuchen, lege ich die betreffende Person flach auf ein Ruhebett und entferne von derselben möglichst alle Metallteile (Uhren, Ringe, Ketten usw.). Den Pendel halte ich in der rechten Hand und schlinge den Faden um das vorderste Glied des Zeigefingers. Nun beginne ich, mit dem Pendel vom Kopf aus den ganzen Körper zonenweise zu überschreiten und ersehe nun aus den Schwingungen, die hierbei zutage treten, welche Körperteile gesund, welche leicht und welche schwer erkrankt sind. Die erstgenannten Stellen des Körpers werden sich durch schöne, große Schwingungen zu erkennen geben; die zweiten durch wesentlich herabgeminderte Schwingungen, die letztgenannten verraten sich durch Pendelstillstand. Das gibt mir nun das Bild der erkrankten Stellen, gleichsam auf eine Ebene projiziert, wieder. Um aber genau sagen zu können, in welcher Tiefe das erkrankte Organ oder der Krankheitsherd liegt, ist es nötig, den Kranken auch von der Seite zu bependeln. Hier werden die gleichen Beobachtungen gemacht werden können. Im Schnittpunkt der beiden Linien des Pendelstillstandes, die wir uns durch den Körper verlängert gezogen denken (und die in einer vertikalen Ebene liegen), ist nun die erkrankte Stelle. So kann in der Hand des Arztes eine einmalige Pendeluntersuchung mitunter eine Röntgenaufnahme ersetzen. Dies ist zum Beispiel von Wichtigkeit bei Kranken, die nicht transportfähig sind, um sie in das nächste Röntgenkabinett zu bringen. Auch fand ich, daß mit dem Pendel Frühdiagnosen (namentlich bei Tuberkulose und Krebs) zu stellen sind, für welche ansonsten keine Symptome zu finden waren. Ja, der Pendel meldet Stellen als bereits erkrankt, die von der Wissenschaft wohl kaum als solche festgestellt werden können. Bemerken möchte ich noch, daß sich derartige Untersuchungen nicht allein am Körper selbst, sondern ebensogut an Hand von Photographien der betreffenden Person, die sich untersuchen lassen will, vornehmen lassen, nur empfiehlt es sich, zu diesem Zwecke möglichst ganze Aufnahmen machen zu lassen."

*Schradin* entwickelte seine Methode weiter und konnte sogar durch Gedankenprojektion zu den gleichen Resultaten kommen; ohne zu wissen, was der kranken Person fehlte, stellte er sich diese im Geiste vor und pendelte an einer „Ersatzperson“ die Krankheit ab. Auch hat Schradin darauf aufmerksam gemacht, daß der Pendler durch den Pendel heilen kann, somit den Pendel als Kraftübermittler benützt. Der sensitive Kranke spürt dann kühle Wellen oder warme Strahlen, je nachdem wie er abgestimmt ist.

Prof. Dr. med. *Benedikt* (Wien) pendelte über Röntgenbildern und erhielt die gleichen Diagnosen, wie wenn er die Kranken selbst auspendelte. Auf der Klinik Schauta machte er mit anderen Forschern positive Experimente.

In der Chirurgischen Universitätsklinik in Berlin machte der Arzt und Wünschelrutengänger Dr. med. *Schreiber* Versuche über Krankheitserkennung mittels der Wünschelrute unter Aufsicht von Geh.-Rat *Bier* und Direktor *Schney*. Die Kranken waren mit Decken bedeckt (großenteils auch das Gesicht). Geh.-Rat *Bier* berichtet darüber: „Herr Dr. med. *Schreiber* hat an der hiesigen Klinik sein Verfahren, mit der Wünschelrute den erkrankten Körperteil zu erkennen, an einer größeren Anzahl von Kranken durchgeführt. Ich bin überrascht über die Sicherheit, mit der Herr Dr. *Schreiber* mit wenigen Ausnahmen bei den ihm übergebenen Kranken den Sitz richtig erkannt hat.“ Univ.-Prof. Dr. med. *Benedikt* arbeitete neben dem Pendel auch mit der Wünschelrute und hatte außerordentliche Erfolge. Pendel und Wünschelrute sind eng verwandt. Früher benutzte man Wünschelruten, die aus einem mit Quecksilber gefüllten, an einer Schnur aufgehängten Fläschchen bestanden oder aus einem Zweig, der senkrecht in der Hand gehalten wurde, also bereits Pendel waren.

San.-Rat Dr. med. *E. Clasen* betont noch: „Die Kunst der ärztlichen Diagnose ist wahrlich nicht so fest gegründet und vor Irrtümern gesichert, daß ihr nicht ein sicheres, leicht erreichbares und dabei kostenloses Hilfsmittel dazu in hohem Grade willkommen sein müßte. Ganz im Gegenteil. Die Pendeluntersuchung gibt ungleich zuverlässigere und weitgehendere Aufschlüsse und Ergebnisse, als die jetzt hochmoderne Röntgenuntersuchung, soweit sie sich auf das Gebiet der sogenannten inneren Krankheiten, das heißt auf die durch Kleinpilze hervorgerufenen Krankheiten beschränkt. Alle inneren Krankheiten, akute und chronische, beruhen letzten Endes auf der Infektion bzw. Verseuchung durch Kleinpilze, und dieser Umstand gibt dem pendelnden Arzt ein Mittel von allergrößter Bedeutung zur absolut sicheren Krankheitsdiagnose in die Hand, ein Mittel, mit dessen Wert sich kein anderes vergleichen läßt."

San.-Rat Dr. med. *Clasen* ließ die Patienten eine Karteikarte handschriftlich signieren und anhauchen. Diese Beodung der Karteikarte genügte, um die Diagnose stellen zu können. *Dr. Clasen* setzte für Od die Bezeichnung Radioaktivität und behandelt eingehend die Bedeutung der Radioaktivität für die Pendelforschung. Zu der passiven Bependelung des Kranken fügte *Dr. Clasen* die aktive, das heißt die Befragung des Pendels durch Erschließung des Unterbewußtseins. Hier erschließt sich buchstäblich ein

Märchenland, und es ist begreiflich, daß viele von hier ab nicht mehr mitmachen wollen.

An Hand einer Photographie und eines anatomischen Atlas kann der geübte Pendler Diagnosen stellen, die Lebenskraft registrieren und sogar die geeigneten Heilmittel auswählen. Der Geistliche *Dr. Pientka* arbeitete auf diese Weise durch Abfragen mit seinem Pendel. Seine großen Heilerfolge bei Patienten, die vergeblich bei der ärztlichen Kunst Hilfe suchten, gaben ihm recht. Ein Prozeß, bei dem er freigesprochen wurde, zeigte großartige Erfolge auf.

## Heilmittel und Diätauswahl

Man nimmt zum Beispiel die rechte Hand des Kranken, der links neben einem sitzt, mit der eigenen linken; mit der rechten Hand bedient man den Pendel, den man zum Beispiel über Heilkräuter hält. So bependelt man ein Heilkraut nach dem anderen. Bei Pfefferminz gibt es beispielsweise einen Strich, also lehnt der Pendel dieses Kräutlein ab. Bei Zinnkraut gibt es einen schönen großen Kreis, also verlangt momentan der Organismus des Kranken Zinnkrauttee; er leidet eben gegenwärtig an Kieselsäuremangel, wie die bejahende Frage an den Pendel zeigt. Man braucht nur zu fragen: Mangelt dem Organismus Kieselsäure. Schon kommt ein großer Kreis für ja. Nun bependeln wir Schafgarbe. Hier bleibt der Pendel ruhig stehen. Das besagt, der Körper verhält sich neutral, er lehnte das Kräutlein nicht ab, benötigt es aber auch nicht. So kann man ganze Teemischungen, speziell auf einen Fall abgestimmt, zusammensetzen. Interessant ist, daß, wenn man nach etwa acht bis zehn Tagen das Zinnkraut überprüft, der anfänglich so schöne, große Kreis beträchtlich kleiner wird. Der Organismus hat sich eben

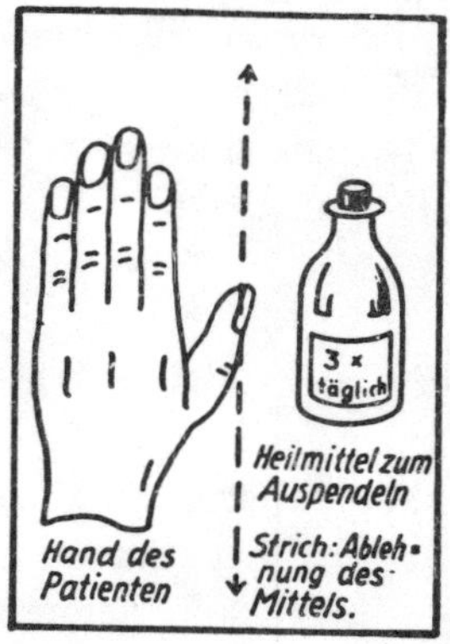


schon ziemlich mit Kieselsäure gesättigt. Pendelt man nach vielleicht vier Wochen das Zinnkraut aus, so lehnt der Pendel durch Strich energisch ab. Der Organismus ist mit Kieselsäure gesättigt; er hat seinen Bedarf restlos gedeckt. Ebenso kann man jedes homöopathische Heilmittel abpendeln. Es ist erstaunlich, wie vielfach mit der Verdünnung der Medikamente die Heilwirksamkeit beträchtlich wächst. Ebenso wie die Heilmittel kann man die Diät ganz individuell auswählen. Man kann auch fragen, ob ein oder zwei Tassen Bohnenkaffee, ob eine Zigarre gestattet sind. Der Pendel in der Hand des erfahrenen Arztes oder Praktikers gibt klare Auskunft.

Wenn man das Photo neben das Medikament oder die Speise legt, so verfährt man nach der gleichen Methode.

Dr. med. et phil. *Baur* hat in seiner vortrefflichen Schrift „Kompaß zum Gesundbleiben" diese einfache Methode wärmstens empfohlen.

## Das Auspendeln von Lotterie- und Totogewinnen

Aus Interesse ließ ich durch eine begabte Pendlerin Lose auspendeln. Unabhängig davon pendelte ich dieselben auch aus. Wir verglichen unsere Ergebnisse, und diese stimmten restlos überein. Wir warteten die Ziehung ab, zu unserer Überraschung trat der erpendelte kleine Gewinn ein. Das Experiment wurde zweimal gemacht, jedesmal mit Erfolg. Erstaunlich war, daß der Pendel genau angab, bei welcher Ziehung das Los gewann und wie hoch der Gewinn war. Wir vereinbarten, die Beträge für einen guten Zweck zu verwenden, denn aus moralischer Einstellung heraus lehnten die Pendlerin wie auch ich diese Glücksritterei ab.

Über Totoexperimente habe ich keine Erfahrung. Der verstorbene, ausgezeichnete Pendelforscher *Wehdanner* hatte auf diesem Gebiete experimentiert, kam aber zu der Überzeugung, daß wegen der vielen Fehlerquellen, welche beim Totopendeln mit hereinspielen, wenig Aussichten auf positive Experimente bestehen. Auch war er der Überzeugung, daß man keineswegs jenen Menschen, die glauben, das Pendeln für eigensüchtige Zwecke mißbrauchen zu können, Hilfe leisten darf.

Der erfahrene Pendelforscher *F. Dietrich* sagt diesbezüglich in seinem Werk „Gyromantie — Grundlage und Praxis des Pendelns": „Wenn der Pendel schon in so vielen und mannigfachen Fällen sich bewährt, dann könnte man ihn ja vielleicht auch zum Auspendeln von Lotterienummern heranziehen. Hiervor muß aber gewarnt werden. Nicht vielleicht, daß es nicht möglich wäre. Aber hier sind ethische und moralische Grenzen gezogen. Geld muß durch ehrliche Arbeit erworben werden, wenn Segen darauf haften soll. Lotteriespiel ist keine ehrliche Arbeit, sondern Glücksritterei. Man spricht nicht umsonst von einem Spielteufel, der die Spieler in seinen Krallen hat."

## Der Pendel im Dienste der astrologischen Forschung

### Die Astrologie im Urteil des Benediktinerpaters Prof. Dr. *Mohlberg*

Jeder wahre Astrologe muß ein Kenner der parapsychologischen Forschung und damit auch der Pendelforschung sein. Mein väterlicher Freund *G. W. Surya* betonte das immer wieder, und einige Hinweise unterstreichen dies.

So sagt *F. Dietrich:* „Auf dem Gebiete der Geisteswissenschaften, zu dem der siderische Pendel gehört, kann er wesentlich zur Verhütung und Beseitigung von Fehlresultaten beitragen. Mit dem Pendel kann man stets die Gegenprobe vornehmen bzw. alles nachprüfen, zum Beispiel Hellsehen, Hellhören oder Hellfühlen. Traumbilder sind aufzuzeichnen und unter der Pendeltafel auszupendeln, gegebenenfalls genügt bloße Konzentration darauf. Die Antwort ist oft so zutreffend und überraschend, daß man die geistige Führung sofort verspürt. Neugierde darf aber nicht den Antrieb dazu geben, dann versagt der Pendel vielfach. Der Astrologe kann die genaue Geburtszeit auspendeln, wenn ihm diese nicht bekannt sein sollte, auch den Stand der Planeten und hat damit die Möglichkeit, ein genaues Horoskop zu stellen."

Außer dem Studium des Werkes von *F. Dietrich* „Gyromantie" ist besonders das Werk von *Candi* „Briefe an Tschü — Radiästhetische Studien" durchzuarbeiten. Hinter dem Decknamen Candi verbirgt sich als Verfasser der gelehrte Benediktinerpater Prof. Dr. *Mohlberg.* Hier werden dem Kosmobiologen sehr wichtige Forschungshinweise eröffnet. Z. B. über die Astrologie sagt Mohlberg in seinem prachtvollen Werk: „Wie ich über ‚Astrologie' denke, habe ich Dir, mein lieber Tschü, letzthin auf unserem gemeinsamen Kirchgang erzählt. Da Dir meine Weisheit gefiel, setze ich sie nochmals her: Wer an Se. Majestät, den himmlischen Vater, den Schöpfer der sichtbaren und unsichtbaren Welt, und an seinen Sohn, mit Vorzug und großer Andacht an dieses Sohnes Namen und die Kraft seines Blutes glaubt und dabei seine Mutter und den Heiligen Geist nicht vergißt — der braucht für sein Glück keine Astrologie. Wer aber an all das nicht glaubt und Astrologie treibt ohne Beziehung zum Ewigen, mag das in Form von Religion oder Philosophie oder Weltanschauung geschehen, für den ist die Astrologie Gift, denn er begibt sich in die Gefahr, schwarze Magie zu treiben. Darum sieht die Kirche ihre Gläubigen nicht gern bei der Astrologie und verbietet ihnen die Magie, denn die Kunst, mit Hexen umzugehen, will gelernt sein. Wen es dagegen nach Erkenntnissen dürstet, die ziemlich außerhalb der abgetretenen Zunftwissenschaft liegen, dem kann ich nur die alte Weisheit der Chaldäer, Ägypter und Griechen und ihrer Erben, der Araber, empfehlen, die zwischen dem 8. und 11. Jahrhundert das

Volk waren, das auf dem Gebiete der Astralwissenschaft die größte Zahl von Forschern hervorbrachte (darunter Männer von Format), bei denen die alten Mönche in die Schule gingen. Die geschichtliche Rückschau ist aber eine Seite der Astrologie. Vorausschauend läßt sich heute bereits sagen, daß die Astrologie berufen zu sein scheint, alle anderen Wissenschaften aus der Sackgasse des geistlosen Rationalismus und Materialismus herauszuführen, in die sie sich seit etwa hundert Jahren verrannt haben, das heißt eine Plattform zu schaffen, auf der die seit Jahrhunderten so heiß ersehnte Versöhnung mit dem Glauben Wirklichkeit werden könnte. Eine solche Entwicklung wäre eine der wesentlichsten Voraussetzungen für die Überwindung der gegenwärtigen geistigen Krise, die die Kultur des Abendlandes mit endgültigem Untergange bedroht.

Um Dich nun von der abergläubischen Auffassung der Astrologie, wie sie im Volke umgeht, zu befreien, mußt Du wissen, daß es sich bei der wahren Astrologie nicht um eine Wahrsagerei, sondern um echte Psychologie und Typologie des Menschen handelt, dargestellt an altüberlieferten kosmischen Sinnbildern, nämlich an den Planeten, deren Umlauf und an den zwölf Tierkreiszeichen. Es kann sich darum also nicht um einen sturen Schicksalsfatalismus handeln, um keine Abhängigkeit von den Sternen, wie die populäre Meinung glaubt, sondern um die Aufdeckung des gemeinsamen Rhythmus, der allem geschöpflichen Leben zugrunde liegt als von Gott gegeben. Auf dieser Grundlage entsteht ein symbolisches Weltbild, aufgebaut auf der Analogie von

Mensch und Kosmos, dessen Koordinationssystem auf mathematischen Gesetzen beruht. Seine Voraussetzung ist die Anschauung der Bibel: Gott schuf die Welt nach Maß und Zahl. Diese mathematisch-symbolische Denkweise liegt wie der Astrologie so auch der Musik, der Ornamentik und der Lehre Keplers von der Weltharmonie zugrunde, wie Du in dem ausgezeichneten Werke des Basler Mathematikers Prof. *A. Speiser* (zweite Auflage 1945) nachlesen kannst.

Die Kristallisation all dieser angedeuteten rhythmischen und mathematischen Erkenntnisse vollzieht sich in der Darstellung des sogenannten Horoskops, dem abstrakten Bilde der Gaben und Strebungen eines bestimmten Menschen. Es zeigt seine naturgegebene Bedingtheit, seinen physischen Habitus, wie auch seine Freiheit, die in jedem Menschen angelegt sind. Das Zusammenspiel von Bedingtheit und Freiheit ist kein schwieriger zu lösendes Problem als der Zusammenklang von menschlicher Freiheit und göttlicher Gnade, wie dieser sich in den Kämpfen der Theologie des 17. Jahrhunderts ausgeformt hat.

Die ernste wissenschaftliche Beschäftigung mit Astrologie braucht also nicht die christliche Weltanschauung zu erschüttern, sie kann sie nur noch sicherer untermauern."

Prof. Dr. *Mohlberg* hat ein profundes Wissen in seinem Pendelwerk niedergelegt, und jeder ernsthaft Forschende muß unbedingt dasselbe gründlich studieren. Das Buch ist geistreich und einmalig! Als Handschriftenforscher in den päpstlichen Bibliotheken, als Archäologe, als Krebs- und Erdstrahlenforscher in Zusammenarbeit mit Kliniken und führenden Ärzten, als Experimentator auf dem Gebiet des physikalischen und mentalen Pendelns usw., überall führt uns die Hand des gottbegnadeten Meisters in die Praxis.

Das herrliche Bekenntnis des großen Gelehrten geht dahin, daß er seit seiner Beschäftigung mit der wissenschaftlichen Radiästhesie (Pendelforschung) seinen Glauben merkwürdig lebendig geworden erlebt. Nicht weil er Theologe ist, sondern weil er bei der Schau einer still verborgenen, aber laut aufklingenden Harmonie in Gottes Bilderbuch und beim Erkunden, worin ihr Sinn liegt oder weshalb das so sein muß, er sich innerlich höher (oder tiefer) zu Gott getragen fühle, als wenn er beispielsweise asketische Literatur lese. So wird diese Pendelschule in den „Neuen Züricher Nachrichten" von Prof. Dr. *Gander* empfehlend besprochen.

Einem anderen Theologen und erfahrenen Pendelpraktiker, meinem Freunde Pfarrer *Johannes Bolte*, erging es ähnlich. Er schrieb in seinem leider restlos vergriffenen Werke „Forschungen und Entdeckungen mit dem siderischen Pendel": „Die Pendelwissenschaft führt den frommen Menschen nicht selten an die Stufen des Heiligtums. Wie wunderbar sind Gott und alle seine Werke! Wie wunderbar ist doch der Mensch, den Gott erschaffen hat! — könnte man ausrufen beim Studium dieser Tiefen des Wissens und Erkennens, die sich dem denkenden und ehrfürchtigen Forscher bei der Pendelwissenschaft auftun."

## Jenseitsforschung

Die spiritistische Parapsychologie hat auf Grund der Forschungen bedeutender Gelehrter den Beweis dafür erbracht, daß Jenseitige sich durch Bewegungen bestimmter Gegenstände wie Tisch, Planchette usw. mitteilen können. Warum soll nicht der Pendel als besonders leicht bewegliches Instrument auch dazu dienen können?

Der Pendelforscher *Willi Dobberkau* empfiehlt folgendes Experiment: „Man dreht als Mann einen Kupferdraht zu einer dünnen Spirale zusammen, in der jedoch die einzelnen Windungen sich nicht berühren dürfen, und hängt die Spirale im Gewicht von etwa 20 Gramm an einen dünnen Seidenfaden. Diesen hält man zwischen Daumen und Zeigefinger der rechten Hand und hält das Pendel über den Kopf eines Lichtbildes von einem seiner abgeschiedenen Lieben. Sodann denkt man nur an ihn unter Abwehr aller anderen Gedanken und achtet weder auf seine Hand noch auf das Pendel. Nach einiger Zeit wird sich das Pendel in Schwingung setzen, die von den unbewußten und ungewollten Bewegungen der Hand ausgehen, auf die man aber nicht achten darf. Schließlich schlägt das Pendel Kreise. Nun erst fragt man seinen lieben Abgeschiedenen: ‚Bist Du da und willst mir auf meine Fragen Antwort geben durch die Pendelausschläge?' — ‚Ja' bedeutet dann das Größerwerden der Pendelausschläge in Kreisen. ‚Fraglich': Das Pendel schlägt Ellipsen. ‚Nein': Das Pendel schlägt einen Strich und bleibt stehen. Wenn man eine runde Scheibe am Rande mit Buchstaben beschreibt und in die Mitte der Scheibe das Lichtbild des Abgeschiedenen legt, so bittet man ihn, daß er durch Pendelausschlag auf den betreffenden Buchstaben Worte und Sätze anzeigen möchte, die eine Verständigung zwischen dem Abgeschiedenen und dem Fragenden ermöglichen. Sodann übe man diese Art des Pendelns, bis man zu fehlerfreien Versuchen und zur Verständigung mit dem Abgeschiedenen gelangt. Frauen nehmen zum Pendeln einen Eisendraht. Wer einmal diese Art des Verkehrs zwischen dem Diesseits und Jenseits beherrschen gelernt hat, wird sie allen anderen vorziehen, weil man keine Medien dazu braucht und sie jederzeit allein anwenden kann. Man kann sich auch durch das Pendel mit noch Lebenden in Verbindung setzen. Auch sie antworten, ohne daß es diesen bewußt wird.

Die Theorie ist ganz einfach. Es gehen von unserem Gehirn Strahlungen aus, die man mit besonders feinen Meßwerkzeugen hörbar, sichtbar machen und sogar photographieren kann. Diese elektrischen Strahlungen gehen vom Herzen aus und kreisen durch den ganzen Körper; denn ohne diese feinen elektrischen Ströme ist kein Leben möglich. Sie verlassen als Gedankenstrahlen den Körper, wie das Hirnstrahlen-Forschungsinstitut der Universität Berlin festgestellt hat, und fluten durch die Welt jenseits von Raum und Zeit, der auch der Weltäther angehört, von Menschenseele zu Menschenseele, besonders wenn sie sich liebhaben. Zwischen Mutter und Kind hört diese Verbindung nie auf. In unserem Gehirn ist die Zirbeldrüse, die Epiphyse, die ursprünglich ein Scheitelauge war und bei einigen Eidechsenarten es noch ist. Diese Drüse ist wie ein Flitter der drahtlosen Telegraphie und Telephonie, ein Sender und Empfänger für Gedankenstrahlen. Diese aber werden uns meist nicht bewußt. Durch die unbewußten Bewegungen unserer Hand werden jene Gedankenempfänge jedoch auf die Bewegungen des Pendels übertragen wie auf einen Telegraphenapparat, und wir können sie vom Pendel und seinen Bewegungen ablesen. Das Pendeln ist also durchaus eine wissenschaftliche Forschertätigkeit. Man muß nur fleißig üben, damit man zu guten Ergebnissen gelangt."

Man kann zu diesen Experimenten auch Alphabettafeln in halbkreisförmiger Anordnung nehmen.

Pendelforscher *Jürgens* sagt zu diesen Experimenten: „Allen, die sich mit dem spiritistischen Pendeln befassen wollen, sei gesagt, daß die Beschäftigung mit dieser Art von Pendelmagie äußerst gefahrbringend für den Experimentator werden kann. Denn mit der Überlassung der Führung des Pendels an unsichtbare, uns zum Teil nicht erkennbare Intelligenzen zieht der Ausübende eine Menge geistige Wesenheiten an sich, die ihn in seiner geistigen Verfassung stören und schädigend auf ihn zu wirken vermögen. Es sollen sich daher mit dem Pendelspiritismus nur solche Personen abgeben, die entweder eine sichere geistige Führung besitzen oder die selbst geistig kraftvolle, zielbewußte Naturen sind."

Der Pendelforscher *Leo Reissinger* äußert sich über seine Erfahrungen wie folgt: „Der Geisterpendel ermöglicht Ihnen den Umgang oder die Zuziehung Verstorbener oder auch abwesender Lebender. Es wird gut sein, wenn Sie bei diesen Experimenten mit dem Gesichte in die Richtung des Ihnen bekannten Aufenthaltsortes blicken.

Haben Sie den Kontakt durch Verbindungsschwingungen, die Sie verlangen können, erreicht, dann stellen Sie die Frage nach der günstigen oder ungünstigen Gesinnung der betreffenden Person. Nur wenn Sie die Gunst bejaht bekommen, arbeiten Sie mit dem Geiste dieses Menschen!

Wenn Sie mit einem ‚Toten' in Kontakt kommen wollen, dann nehmen Sie ein Schriftstück des Verstorbenen unter das Pendelservice und eine Photographie, oder ein zweites Schriftstück, oder eine Haarlocke, oder ein Kleidungsstück usw. in die Linke. Nach eingetretener Pendelruhe haben Sie den Kontakt erzielt. Dann stellen Sie die Fragen. Sie bekommen Antwort!

Bei diesen Experimenten müssen Sie aber eine Voraussetzung wahren! Abstinenz sexueller Art! Sie müssen über viel aufgestaute Sexualkräfte verfügen, während Sie den Liebespendel oder den Geisterpendel in Tätigkeit wünschen! Wenn Sie das nicht beachten, können Sie sich schwer schädigen . . .

Beim Experiment mit den ätherischen Odemanationen Verstorbener laufen Sie bei Nichteinhaltung der Abstinenzregel Gefahr, besessen zu werden. Fälle von Besessenheit kennt die moderne Psychiatrie! Sie sind möglich."

Der Irrenarzt Dr. med. *Wickland* hat viele Fälle von Besessenheit, die durch leichtsinniges okkultes Experimentieren entstanden sind, behandelt und geheilt.

Die Pendelforscher *Glahn, Bolte, Layer* und andere warnen vor dem spiritistischen Pendeln.

Der Verfasser konnte vor vielen Jahren erleben, wie ein junger, sehr begabter Pendelforscher durch spiritistisches Pendeln auf einige Zeit ins Irrenhaus wanderte. Erst in letzter Zeit wurden ihm drei Fälle, darunter der einer jungen Ärztin und einer Studienrätin, bekannt, bei denen die okkulten Experimentatoren in die psychiatrische Klinik verbracht werden mußten. Wenn diese unwissenden Menschen leichtfertig drauflos experimentieren, so haben sie die Folgen zu tragen. Es ist deshalb ganz unverantwortlich, wenn illustrierte Zeitungen mit hohen Auflagen ihren Lesern Pendeln und Tischrücken als Gesellschaftsspiele empfehlen. Das spiritistische Pendeln gehört in das Gebiet der experimentellen Parapsychologie und sollte nur von erfahrenen Forschern mit entsprechenden moralischen Qualitäten und nur um der Erforschung der Wahrheit willen betrieben werden. Wer aus Neugierde oder um materieller Vorteile willen drauflos experimentiert, der geht satanischen Kräften ins Garn.

## Der Pendel auf anderen Forschungsgebieten

In der Pädagogik, Kriminalistik, Rechtspflege und auf vielen anderen Gebieten kann die Pendelforschung eine wichtige Rolle spielen.

Das persönliche Pendelbild hat uns viel zu sagen. Bei Vermutungen braucht man dasselbe nur zu vergleichen mit vorliegenden Bildern oder Schriftstücken, und man wird anonyme Briefschreiber,

Fälscher usw. entlarven. Zur Kontrolle kann man nach dem Gesetz der Hemmung mit dem Pendel über Photographien und Schriftstücken einer Person prüfen. Berührt man nun mit der anderen Hand Gebrauchsgegenstände der betreffenden Person, so steht der Pendel sofort still.

In der Edelsteinforschung ist es uns ein leichtes, echte Steine von Fälschungen zu unterscheiden. Über künstlichen Steinen steht der Pendel still.

Im „Dynamischen Kreis" hat Prof. *J. K. Baehr* die Möglichkeit geschaffen, eine Klassifizierung aller Körper vorzunehmen. *Baehr* benutzt als Grundlage den in 360 ° eingeteilten Kreis, auf dem die dynamischen Abstände der einzelnen Elemente nach ihrem spezifischen Wert genau fixiert sind. *Rinne* betont, „daß da außerordentlich interessante Relationen der einzelnen geprüften Körper zueinander zutage treten, die durch eine strenge Gesetzmäßigkeit gekennzeichnet sind. Unter Berücksichtigung der spezifischen Pendelkurven der Elemente gelang es ihm auch, die chemische Zusammensetzung verschiedener Körper mit dem Pendel genau zu bestimmen, was sonst nur durch die qualitative chemische Analyse möglich war. Die Nachprüfungen haben stets volle Übereinstimmung gezeigt. Hiermit ist auch dem Chemiker ein neuer, schneller und sicherer Weg für die qualitative Analyse gezeigt."

## Studienanleitung

Eine Autorität auf dem Gebiete der Philosophie und der experimentellen Psychologie, Prof. Dr. *Gebhard Frei,* hat sich in einem Artikel in der „Ostschweiz" auf Ersuchen der Redaktion über das Pendeln wie folgt ausgelassen:

„Die Wissenschaft spricht zwar von Radiästhesie, das heißt wörtlich: ‚Strahlenwahrnehmung'; im Volk wird sich aber wohl der Ausdruck ‚Pendeln' erhalten. Immer eindringlicher scheint sich die Frage zu stellen, wie man denn prinzipiell vom Pendeln denken soll. Wir antworten mit dem Satz: Gerade weil das Pendeln eine ganz ernste wissenschaftliche Angelegenheit ist, sollte es möglichst vor lächerlichem Mißbrauch bewahrt werden.

Was gibt uns nun das Recht, zu sagen, das Pendeln sei eine ernste wissenschaftliche Angelegenheit? Erstens einmal sind es die unleugbaren Tatsachen, die einfach feststehen, mögen sie gefühlsmäßig begrüßt oder bedauert werden, mag man sie schon erklären können oder nicht. Für den Wissenschaftler von Belang sind jene Tatsachen, die mit dem Pendel herausgefunden werden, dann aber auf anderem Wege überprüft werden können, zum Beispiel wieviel Karat Gold ein Schmuckstück hat, wieviel Prozent Alkohol ein Wein, in welchem Jahre ein verlorenes Glied amputiert wurde, wann ein Buch gedruckt, ein Kodex geschrieben wurde, welche Krankheit vorliegt. Solche und ähnliche Dinge sind aber von den ernsten Pendlern in ungezählten Fällen einwandfrei ausgesagt worden, und die Überprüfung kam zum gleichen Resultat."

Wer nun an Hand der Beispiele, die mein kurzer Leitfaden aufzeigt, entdeckt hat, daß er zum Pendeln befähigt ist, der studiere zunächst eine Anzahl wesentlicher Werke, welche nun wieder auf dem Büchermarkt erschienen sind (siehe Literaturverzeichnis). Jedes Studium verlangt Ernst, Gewissenhaftigkeit, Zeit. Wer keine Zeit hat und die materiellen Opfer für die Beschaffung der Literatur scheut, der lasse die Finger von der Erforschung dieses Gebietes. Gleichzeitig ist auch das Studium der parapsychologischen Literatur anzuraten; denn die Pendelforschung ist eng verwandt mit dieser uralten, neuen wissenschaftlichen Disziplin. Der namhafte Pendelforscher *Christophe* arbeitet nach jahrelangen Experimenten an einem Werke, betitelt „Le Fluide vital et le Corps psychique". Bei dem „Corps psychique" handelt es sich um den geistigen Leib, den schon der Apostel *Paulus* erwähnt, das Mittelding zwischen Geist und grobstofflichem Leib, und damit um den unsichtbaren Träger der radiästhetischen und vieler anderer parapsychologischer Erscheinungen, also um die Psyche oder, wie die Okkultisten sagen, den *feinstofflichen Leib*. Hierüber ist weiteres aus meinen diesbezüglichen Schriften zu entnehmen. General *Rochas*, Prof. *Durville*, Prof. Dr. *Baraduc* und andere mehr haben diesen feinstofflichen Leib experimentell zur Ausscheidung gebracht und mit physikalischen Hilfsmitteln sogar exakt festgestellt. Prof. Dr. *Stromberg* hat das *„Lebensfeld"*, wie er den feinstofflichen Leib benennt, ebenfalls festgestellt. Die elektrische Struktur desselben wurde in der Medizinischen Fakultät der Yale-Universität untersucht und gemessen. Dieses Lebensfeld überlebt nach der Überzeugung Prof. *Strombergs* den physischen Tod.

Der feinstoffliche Leib oder Fluidalleib, auch Geistleib oder unverweslicher Leib genannt, ist der Träger aller übersinnlichen Fähigkeiten. Der feinstoffliche Leib spielt auf unserem Gebiet eine ausschlaggebende Rolle. Besonders der heilkundige Pendler muß mit demselben arbeiten, denn viele Krankheiten sind im feinstofflichen Leib zuerst vorhanden. Auch bei Verletzungen (Unfällen) wird der feinstoffliche Leib mit betroffen.

## Hinweise für die Pendelpraxis

von Pfarrer *Johannes Bolte*

Die Kunst des Pendelns ist von enormer Bedeutung für alle Gebiete des Lebens. Die Hausfrau kann mit dem Pendel die Bekömmlichkeit von Speisen feststellen, Giftpilze von eßbaren unterscheiden, Verdorbenes erkennen, zum Beispiel wenn Paratyphusgefahr besteht. Sie kann dies anwenden bei den manchmal gefährlichen Enteneiern. Sie kann den Grad der Garheit bei einiger Übung erkennen, zum Beispiel beim Eierkochen. Man kann mit dem Pendel Pilze suchen, botanisieren, Wildgemüse, Heilmittel in der Natur suchen. Man kann Bruteier mit dem Pendel darauf beurteilen, ob sie männlich oder weiblich sind. Aber dazu gehört Erfahrung. Mißlingen kann zurechtgestellt werden. Es braucht nicht beim Mißlingen zu bleiben. Allerdings kann nicht jeder, in dessen Hand sich der Pendel bewegt, über allem pendeln. Mit dem Pendel kann ein erfahrener Pendelforscher beurteilen, für welche Gegenstände der Pendelpraxis oder Forschung sich einer eignet und für welche nicht. Das weiß man von sich selbst vielleicht am allerwenigsten. Weiter, man kann Heilmittel aller Art mit dem Pendel aussuchen und ungeeignete Heil- oder Kurmittel, einschließlich Bäder und Bestrahlungen, rechtzeitig als falsch erkennen und zu seinem Nutzen ablehnen. Bei geeignetem Wissen läßt sich auch die Kunst der Pendeldiagnose ausbilden. Dabei gibt es einige, die können es zur Meisterschaft bringen. Anderen ist es schon gut, wenn sie wenigstens einiges erkennen können. Denn es ist zum Beispiel traurig für einen Arzt, wenn er erst den Patienten den Leib aufschneiden muß, um zu erkennen, ob seine Vermutung stimmt oder nicht. Er kann das auch ohne gewaltsame Eingriffe sofort mit dem Pendel feststellen.

Mit dem Pendel kann man Wasser suchen, seine Tiefe und Menge, seinen chemischen Gehalt bestimmen. Man kann Erze suchen und Bodenlagerstätten aller Art aufsuchen, auch ohne das betreffende Gelände zu betreten. Nähere Anweisungen können darüber wie über manches andere nicht wahllos der Öffentlichkeit übergeben werden. Es würde zuviel Unheil angerichtet, wenn sich Unberufene oder geldgierige Menschen oder Betrüger auf solche Gebiete stürzen würden. So kann auch nicht bedingungslos der Öffentlichkeit Anweisung gegeben werden über Pendeldiagnose. Man könnte Kurpfuscherei damit züchten. Und das ist nicht im Sinne der ernsten Forschung. Jeder Einsichtige wird das verstehen. Es ist beim Pendeln überhaupt so, daß es eine Kunst der genialen Menschen ist. Diese Kunst darf man nicht bis in alle Einzelheiten lehren. Der Berufene findet es von selbst. Aber man kann einige grundsätzliche Anleitungen geben, auf die einer weiterbauen kann, dem es ernst ist.

Ich zähle weitere Gegenstände des Pendelns auf. Man kann Edelsteine und Perlen, auch Edelmetalle beurteilen. Man kann Saatproben beurteilen und Bodenproben, ja sogar nach einem bloßen Kartenplan auf Eignung für ein bestimmtes Gelände untersuchen. Kranke Tiere können darauf untersucht werden, wo der Schaden sitzt. Man kann Milch auf Tuberkeln untersuchen sowie die Fettprozente feststellen. Ebenso kann Alkohol auf seinen Prozentgehalt geprüft werden.

Auch technische Fragen können mit Hilfe des Pendels beantwortet werden. Wasserrohrbrüche können gefunden werden, ohne daß man die Erde ausschachten muß. Eine technische Zeichnung kann auf Konstruktionsfehler untersucht werden. Geeignete Begabung muß aber vorhanden sein für jeden einzelnen Gegenstand. Man kann Aussagen prüfen auf ihre Wahrheit. In einem Brief kann man mit dem Pendel jede Lüge festnageln. Bis in die unglaublichsten Einzelheiten hinein ist es möglich, Charakterbeurteilungen anzufertigen. Das ganze Vorleben eines Menschen ist mit dem Pendel aufdeckbar, genau wie seine ganze Krankheitsvorgeschichte. Begabungen können mit dem Pendel geprüft werden. Wettervoraussagen können versucht werden.

Für alle Dinge, bei denen Zukünftiges eine Rolle spielt, ist allerdings eine ganz besonders hohe geistige Entwicklung nötig. Sonst wird der Pendel zum Orakel und der Pendler zum Medium, das von niederen Lügengeistern mißbraucht wird. Größte Vorsicht ist bei unkontrollierbaren Pendeluntersuchungen zu üben. Mißtrauen darf man nicht haben, denn das hemmt die Intuition. Aber Leichtgläubigkeit ohne Selbstkritik kann auch den allergrößten Schaden anrichten. Die Pendelergebnisse müssen Hand und Fuß haben. Nur auf erzielten richtigen Erfolgen kann man weiterbauen. Nie darf man Pendelbefragungen vornehmen aus Gewinnsucht oder anderen nicht einwandfreien Motiven. Pendelbefragung ist überhaupt gefährlich. Es muß heißen: Pendelforschung. Man muß bei allem sich Gedanken machen, inwiefern das, was man mit dem Pendel feststellt, natürlich zugeht durch Naturgesetze. Diese Naturgesetze müssen studiert werden. Wer dazu nicht das Zeug hat, soll sich nur mit ganz einfachen Dingen der Pendelpraxis, deren natürlichen Zusammenhang er begreifen kann, befassen. Sonst, das betone ich noch einmal, wird der Pendler zum Abergläubigen, *zum Spielball böser Geister.* Das zu wissen, ist viel wichtiger als einzelne technische Fragen über Pendelfaden und anderes.

Man kann mit dem Pendel unter bestimmten Voraussetzungen auch Personen anpeilen oder suchen oder über ihre Lage und Verfassung auf dem Wege einer Art Ferndiagnose richtige Auskunft erhalten. Auf die Richtigkeit der Auskünfte kommt es an. Nicht darauf, daß man Auskünfte erhält. Auskünfte erhält man mit dem Pendel immer, auch auf die sinnlosesten Fragen. Aber sie sind zufallsbedingt, oder die Auskünfte geben die Gedanken des Pendlers wieder, oder sie sind anderswie physikalisch bedingt, wenn sie nicht gar auf die Geisterwelt zurückgehen. Also Vorsicht! Unter Umständen kommen auch richtige Auskünfte aus der Geisterwelt. Trotzdem ist es nicht gut, sich auf diese Art des Pendelns einzulassen. Wer absolut spiritistisch pendeln will, scheidet als wissenschaftlicher Pendler aus. Aber er braucht dann ebenfalls eine gründliche Kenntnis der spiritistischen Erfahrungen und eine Läuterung des Charakters, wozu nur selten Menschen fähig sind. Da ist es schon leichter, sich nur auf das wissenschaftlich Erforschbare und Kontrollierbare einzulassen. Dann lernt man in einem langen Leben nicht aus.

Ich habe nur ganz wenige Gebiete der Pendelforschung aufgezählt. Man könnte vielleicht Hunderte von Gebieten nennen, auf welche der Pendel angewandt werden kann. Man kann in der Landwirtschaft, im Haushalt, in der Arzneikunde, Diagnostik, Botanik, Zoologie, Tierzucht, Pflanzenzüchtung, Technik, Kriminalistik, Industrie, im Bergbau, in der Geologie und Archäologie, Kriegswissenschaft (zum Beispiel Minensuchen), in der Metallurgie, Charakterologie, Philologie, in der Beurteilung aller übersinnlichen Dinge bis hin zu der Frage der Sterneinwirkung und noch auf vielen anderen Gebieten den Pendel anwenden. Über jedes dieser Gebiete allein könnten Broschüren geschrieben werden.

Ich habe erwähnt, welch' großen Irrtümern der Pendelforscher ausgesetzt sein kann. Das ist eine Wissenschaft für sich: die Psychologie und Physik des Pendelns. Man muß ewig lernen. Dennoch kann man auf einem selber erprobten Gebiete gesicherte Ergebnisse mit dem Pendel erlangen. Wer da sagt: Die Pendeldiagnose oder irgendein anderes Gebiet der Pendelanwendung bringe nur unsichere Ergebnisse, zeigt damit aber nur, daß er diese Gebiete eben nicht richtig beherrscht. Es gehören zum Pendeln charakterliche Voraussetzungen, wie Wahrheitsliebe, Idealismus, Mut, Forschungstrieb, aber ebenso auch geistige Voraussetzungen, wie Feinfühligkeit, eigenes Denken und Kombinieren, Scharfsinn und Fachkenntnisse auf den zu bearbeitenden Gebieten. Und ein kleines bißchen sind Erfolge auch an religiöse Voraussetzungen gebunden. Wer nicht weiß, daß das Geniale von Gott her bedingt ist, hat noch nie den Hauch des Genius verspürt. Man muß an seiner Seele arbeiten, dann verfeinern sich ihre Gaben. Durch selbstlose Hingabe an Gott und den Nächsten wachsen die Gaben. Desgleichen durch ein Gebetsleben. Sie werden aber erstickt durch materialistische Einstellung, durch ein Genußleben und vor allem durch Vergeudung der Sexualkraft. Darüber ließe sich auch sehr viel sagen. Es kann aber in dieser Kurzanweisung, wie eben alles, nur kurz angedeutet werden.

Wer ernstlich *will*, kann sehr viele der zum Pendeln nötigen Voraussetzungen erwerben. Wenn ein Arzt aus Verantwortung seinen Patienten gegenüber diese Dinge lernen will, so kann er diese Gaben entwickeln. In dem Maße, wie der innere Mensch sich entwickelt, wachsen auch die sensitiven Gaben. Die Pendelforschung liefert den Beweis dafür, daß der Mensch eine *Seele* hat, was der heutige materielle Mensch nicht mehr zu wissen scheint. Sie zeigt, daß nicht Aufhäufung von Fachwissen zu den großen Erfolgen führt, sondern die Entwicklung der Seele, der Innenschau und Intuition. Ein Geologe kann zehn Semester studieren und zwanzig Jahre danach praktizieren. Und er weiß dann immer noch nicht, über wieviel Gold oder Erdöl oder Kohle er unwissend wandelt. Mit dem Pendel kann er alles, was er wissen will, mit geradezu lächerlich geringem Aufwand bis ins einzelne feststellen, wenn er geistig so weit entwickelt ist. Auf die Ausbildung der Seele kommt es an. Darauf ein Jahr ernstlichen Studiums, und man kann zehn Jahre vergeblichen Studiums sparen.

Wer im Pendeln Fortschritte macht, wird bald ein erstaunlich tiefes Wissen bekommen auf den Fachgebieten, für die er sich interessiert. Und auf dem Gebiete der Weltanschauung! Denn wenn er sich nicht bloß mit ein paar Mätzchen begnügt, wird er Stück für Stück seine bisherige Weltanschauung berichtigen müssen. Er bekommt eine tiefere Anschauung vom Wesen der Krankheit und vom Wesen der Heilung; eine tiefere Anschauung vom Wesen des Menschen und vom Wesen der Natur, ja, des ganzen Kosmos überhaupt.

Ja, sogar bis in die Ewigkeiten hinein dringt sein Blick. Er wendet sich mit Überzeugung ab von dem wissenschaftlichen Irrsatz des Philosophen *Du Bois-Reymond,* der von der ganzen Welt der Gebildeten angebetet wurde: „Ignoramus, ignorabimus", zu deutsch dem Sinne nach: Über die letzten und höchsten Fragen werden wir ewig in Unwissenheit gehüllt sein! Der Pendelforscher lernt Gott dafür danken, daß er ihm einen neuen Sinn gegeben hat und eine neue Quelle des Wissens. Er lernt schließlich direkt aus Gott schöpfen, wenn er den Weg zur Meisterschaft konsequent geht.

Wer das will, und in wem dieses Sehnen nach dem Höchsten steckt, der überwindet auch scheinbare Hemmungen in der Begabung. Ja, diese Hemmungen können ihm sogar zur höchsten Förderung gereichen, wenn ihm das nicht alles so zufällt, sondern er es sich erarbeiten lernt. Man kann mit ein paar magnetischen Strichen zum Beispiel einen, in dessen Hand die Odströme nicht kreisen wollen, sensibel machen für diese Ströme, so daß dann der Pendel wirklich in seiner Hand sich bewegt. Durch häufigen Gebrauch wird der Mensch dann immer sensibler, und auch die Pendelausschläge werden immer kräftiger. Mancher meint, er verausgabe sich durch Pendeln. Er verbraucht die Odkraft nur dann, wenn er nicht versteht, diese Ströme aus dem All in sich aufzunehmen. Ich kann den ganzen Tag pendeln und werde nie müde. Man wird aber merken, daß, je größer der gebrauchte Pendel ist, desto mehr Kraft verbraucht wird. Also wird man danach streben, den Pendel möglichst klein zu gestalten. Im Gelände allerdings, wo Wind geht oder wo die Beleuchtung schlecht ist, nimmt man wieder schwerere Pendel zur Hand. Auch haben sehr leichte und sensible Pendel die Eigenschaft, daß sie auch leichter ansprechen auf die irreführenden Gedanken und Wünsche. Diese müssen ausgeschaltet werden. Aber ganz gelingt es vielleicht doch nie. Aber man muß sich bemühen, sachlich zu denken. In eigenen Angelegenheiten irrt man sich am leichtesten. Man macht für sich selber zum Beispiel eine Krankheitsdiagnose lange nicht mit der Sicherheit wie für einen Menschen, der einem nicht unmittelbar nahesteht. So kann man auch bei Vermißtenbeurteilungen leicht irren, wenn das eigene Gefühl stark mitspricht. Man soll sich selber überhaupt nicht alles zutrauen. Wer ein paar Pendelstudien gemacht hat, kann noch lange nicht nach einer Photographie das Schicksal eines

Vermißten beurteilen. Das ist vielmehr eine ausgesprochen schwierige Kunst, zu der viel Wissen und Erfahrung gehören. Es ist ausgeschlossen, daß einer, der vielleicht zehn oder zwanzig Fälle mit dem Pendel untersucht hat, die Erfahrung haben kann, die einer hat, der Tausende von Fällen bearbeitet hat und dabei manches Lehrgeld hat zahlen müssen. Ohne Lehrgeld geht es nirgends ab. Man muß sich oft redlich schinden und durch mancherlei Schande und Verzweiflung hindurcharbeiten, um auf einem solchen Spezialgebiet zu einem einigermaßen brauchbaren Können zu gelangen.

Nun zu einigen äußeren Fragen:

## Womit soll man pendeln?

Es eignet sich nicht jede Masse für den oder jenen Gegenstand. Früher arbeitete ich nur mit Messingpendeln, die in der Tat manche Vorzüge haben. Heute kommt nur selten noch ein Messingpendel in meine Hand. Ich fand Personen, die können nur mit bestimmten, manchmal seltenen Massen pendeln. Eine Versuchsperson sprach auf einen Platinpendel an; das konnte ich nicht besorgen, dafür aber einen Siegellackpendel, der auch für sie gut ansprach.

Eine hochbegabte Pendlerin, die von mir gelernt hat, muß ein Silberpendel haben. Der erfahrene Pendler kann mit dem Pendel die Pendelmaterien für andere bestimmen. Einer meiner Freunde behauptet, nur mit Amethyst pendeln zu können. Auch die einzelnen Forschungsgegenstände verlangen unter Umständen besondere Massen. Ich suchte früher zum Beispiel für Altersbestimmungen bei Vorgeschichtsforschungen ein Pendel aus echter Perle. Aber ich konnte es mir nicht leisten. Ich wandte Kreidependel an für Charakterologie. Ich brauchte Pendel aus Fischbein oder Elfenbein für Pendeluntersuchungen nach der Landkarte. Oder ich suchte mit dem Kupferpendel nach Kupfer. Später stellte ich fest, daß man auf der Landkarte nicht gut mit dem Kupferpendel nach Kupfer suchen kann. Das ist viel zu grob. Ich konstruierte mir für alles nur noch Holzpendel, die durch bestimmte Strichzeichnungen so sensibel werden für bestimmte Gegenstände oder bestimmte Menschen, daß sie durch keine andere Art von Pendeln mehr übertroffen werden können. Ich entwickelte durch Runenzeichen mit Hilfe des Pendels Hunderte von unübertrefflich feinen Spezialpendeln für Gegenstände aller Art. Erst in der letzten Zeit fand ich, daß man auch ohne Runenzeichnungen bestimmte Pendel geistig sensitivieren kann für bestimmte Einzelgegenstände bzw. Aufgaben. Dazu nehme ich mit Vorliebe Pendel aus Harz, das aus dem Kirsch- oder Pflaumenbaum tropft. Man könnte auch Bernstein nehmen. Das sind ungemein sensible Massen. Ich hauche diese Masse an mit dem Gedanken: Du bist jetzt beseelt von dieser einen Idee: . . . Oder ich hauche sie an und sage: Du weißt das: . . . Ich denke dann, in meinem Innern ist etwas, das weiß alles, aber das kann sprechen zu meinem irdischen Verstandesleben. Es ist der innere Teil der Seele, die ihr Wissen nur in Tieftrance offenbaren kann. Aber der Pendel schlägt die Brücke von diesem inneren Wissen und dem äußeren geistigen Verstandesleben. Jedenfalls bekomme ich so bei Krankheitsuntersuchungen sehr gute Ergebnisse und kann dann die Spezialpendel einmal weglassen, die etwa Geschwulst anzeigen oder innere Geschwüre oder die Vorgeschichte aufdecken usw. Messingpendel sind zu grob für solche feinen Versuche. Die Pendel kann man ganz kurz fassen. Pendelfadenlänge von 5 cm Länge ist so etwa die beste. Dann schwingt der Pendel am empfindlichsten, und es dauert nicht so lange. Der *Faden* muß gut leiten. Dazu eignet sich Seide oder Kunstseide gut, aber auch Haar oder Silberkettchen und noch anderes. Es gibt auch kombinierte Pendel. Die müssen abgestimmt sein.

In meiner Hand schwingt ein Amethystpendel nur gut, wenn der Amethyst in Silber gefaßt ist. Eine mir bekannte Forscherin braucht um ihrer persönlichen Stromverhältnisse willen aber Amethyst in Gold gefaßt. Das alles erklärt sich durch die Vielzahl der Feinströme, von denen der eine durch die eine Masse, der andere besser durch die andere Masse geht. Es gibt meines Wissens mehr als sechzig solcher verschiedener Feinstromarten. Bei dem einen Menschen ist die eine Art dieser Stromarten vertreten, bei dem anderen ein anderes Bündel solcher Ströme. Dasselbe gilt wohl auch für die Anwendung des Pendels auf die verschiedenen Forschungsgegenstände.

Nun noch etwas Wichtiges zur Technik des Forschens. Es hat keinen Sinn, Pendelkurven von dem

Pendel beschreiben zu lassen. Da kommt man vom Hundertsten ins Tausendste. Man muß aber kurz zu seinem Ziel gelangen. Dazu braucht man nur zwei Pendelbewegungen: positiv und negativ, oder ja und nein. Dazu gibt es Stillstand bei Verweigerung oder Antwort oder ein Mittelding zwischen ja und nein, etwa ein Schrägstrich oder Kreis, wenn die Frage falsch gestellt ist oder die Antwort lauten muß: teils ja, teils nein oder unentschieden.

Früher stellte ich auf die Nordrichtung ein und ließ den Pendel in Nord-Süd- oder Ost-West-Richtung schlagen. Das war physikalisch sehr gut begründet, weil abgeleitet von dem Pendelausschlag über dem Stabmagneten bzw. seinen Polen. Praktischer ist es aber, wenn man sich von der Himmelsrichtung unabhängig macht. Dann ist nein ein Trennungsstrich zwischen Prüfer und Objekt, und ja ein vom Prüfer zum Pendelobjekt führender Verbindungsstrich. Man kann in der Tat auf die Formel ja und nein so gut wie alles bringen. So kann man Tiefen in Meter abzählen bei Wassersuche. Hat man die richtige Grenze erreicht, so ist, wenn sonst die Einstellung richtig war, bei vorhandener Begabung und Erfahrung bei der richtigen Zahl ein Umschwenken des Pendels in die Ja-Richtung zu erwarten. Das geht sehr schnell. So kann man in der Homöopathie auch die erforderliche Verdünnungsstufe abzählen, auf die es sehr genau ankommt, wenn das an sich richtige Medikament wirken soll.

Man prüft immer zwei Gegenstände, richtig und falsch. Alles bewegt sich in Gegenpolen, Lüge und Wahrheit, Nutzen und Schaden usw. Man braucht diese Gegenstände nicht alle vor sich zu haben. Man kann auch den bloßen Gedanken wie eine Schablone oder einen Schlüssel heranhalten. Paßt der Schlüssel, dann schlägt der Pendel zu. Also die gedachte Eigenschaft steht auf der einen, der gedachte Mensch auf der anderen Seite der geistig gedachten Leitung. Ziehen sich beide Ideen als zusammengehörig an, so schlägt der Pendel bejahend, das heißt dann also praktisch: dieser Mensch hat die gedachte Eigenschaft. Man kann zur besseren Fixierung auch diese Eigenschaft aufschreiben oder, noch besser, eine früher angefertigte Niederschrift von Eigenschaften benutzen, um die Autosuggestion des Augenblicks zu verhindern. Man kann von der zu untersuchenden Person auch eine Photographie oder eine Schriftprobe benutzen. Aber man muß auch studieren, unter welchen Bedingungen diese Unterlagen zu gebrauchen sind. Denn da gibt es noch ungeheuer viele Gesetze, die man erst in langer Praxis lernt. Dabei aber verliere man nie den Gesichtspunkt, daß alles Große schließlich einfach sein muß, daß man nicht bei der verwirrenden Fülle von Einzelgesetzen stehenbleiben muß, sondern daß man seine Intuition so entwickelt, daß man ohne viele intellektuelle Erwägungen automatisch richtig arbeitet.

Wenn man nicht weiter weiß, so frage man sein inneres Wissen durch den Pendel, und man wird wichtige Auskünfte erhalten. Der Pendel ist viel vollkommener als die grobe Wünschelrute, die von ihren Vertretern für sehr viele Gebiete angewandt wird, aber hundertmal soviel Kraft verschlingt wie der Pendel. Wem das Pendeln Kraft kostet, hat gewiß Fehler gemacht. Das spiritistische Medium empfängt nicht, sondern gibt seine lebenswichtigen Odkräfte her. Der Pendelforscher steht in den kosmischen Strömen mitten drin und empfängt stets soviel, wie er braucht, ja, wenn er will, sogar noch mehr. Man kann auch mit dem Pendel spezielle Kräfte zu Heilungszwecken hergeben. Aber man braucht dann auch kein Pendel mehr, sondern arbeitet wie der Magnetopath mit den bloßen Händen. Jeder fortschreitende Pendler muß sich einmal in diesem Sinne auch versuchen als Stromgeber. Er kann damit viel Segen stiften. Der Wille vermag dabei alles und vornehmlich dann, wenn er in Gott ruht und in Übereinstimmung mit dem des himmlischen Vaters gebracht ist. Der Mensch vermag in jedes Erkennen einzudringen, wenn er aus sich die Sünde ausscheidet, die alles Erkennen trübt. Wer sich dieses Grundgesetz zunutze macht, kann auch durch das Mittel des Pendels zu großem Wissen vordringen. Im anderen Falle kann er in allerlei Überhebung und Falscherkenntnisse kommen, genau wie es die materiell eingestellte exakte Wissenschaft auch zeigt.

# Literatur zum tieferen Eindringen in die Pendel- und parapsychologische Forschung und deren Grenzgebiete

**Abbé Mermet:** „Der Pendel als wissenschaftliches Instrument", 5. Auflage, 1973, Alsatia-Verlag, Colmar.

**Pierre Tressel:** „Die praktische Pendelforschung", 1. gesammelte Ausgabe, Auflage 1974, Alsatia-Verlag, Colmar.

**Benediktinerpater Prof. Dr. L. C. Mohlberg:** „Candi – Briefe an Tschü – Anregungen zu radiästhetischen Studien", 4. Auflage, 1959, Arkana-Verlag, Ulm.

**Benediktinerpater Hartmann Batzill:** „Radiästhesie – Pendelwissenschaft und Medizin", 1. Auflage, 1973, Verlag Abtei Seckau.

**Pater Joseph Seiler:** „1 × Pater – 1000 × Pendler", Radiästhetische Praxis und Theorie: Ein Weg zu den faszinierendsten Entdeckungen. 1. Auflage, 1970, dipa-Verlag Kurt-Werner Hesse, Frankfurt am Main.

**R. Mlaker:** „Geistiges Pendeln", 2. Auflage, 1959, Verlag Hermann Bauer, Freiburg i. Br.

**Dr. med. Georg Jakob:** „Das medizinische Pendelbuch", 1. Auflage, 1973, Turm-Verlag, Bietigheim, Württ.

—, „Werkmappen zur Einführung in die Radiästhesie" o. J., Herold-Verlag, München-Solln.

—, „Zeitschrift für Radiästhesie", Herold-Verlag, München-Solln.

**W. O. Roesermueller:** „Wo findet man die Wahrheit auf die Menschheitsfrage Nr. 1: ‚Gibt es ein Leben nach dem Sterben?'?" 1. Auflage, 1973, Selbstverlag, Nürnberg.

**W. O. Roesermueller:** „Begegnungen mit Jenseitsforschern und Gespräche mit Geistern", 3. Auflage, 1970, Rohm-Verlag, Bietigheim, Württ.

**W. O. Roesermueller:** „Um die Todesstunde — Übersinnliche Beobachtungen an Sterbebetten", 7. Auflage, 1972, Selbstverlag, Nürnberg.

**W. O. Roesermueller:** „Unsere ‚Toten' leben", 5. Auflage, 1968, Selbstverlag, Nürnberg.

**W. O. Roesermueller:** „Vergeßt die armen Seelen nicht — Berichte über spontane und experimentelle Manifestationen armer Seelen", 3. Auflage, 1970, Rohm-Verlag, Bietigheim, Württ.

**W. O. Roesermueller:** „Geister warnen vor Geistern", 2. Auflage 1965, Selbstverlag, Nürnberg.

**W. O. Roesermueller:** „Gottes Wort, Geister und Naturforscher gegen den Frevel der Feuerbestattung?, 2. Auflage, 1965, Selbstverlag, Nürnberg.

**W. O. Roesermueller:** „Überlebt ein fortgeschritten individualisiertes Tier seinen Tod?", 1. Auflage, 1963, Selbstverlag, Nürnberg.

**W. O. Roesermueller:** „Hilfe aus dem Jenseits – Was das Gebet vermag". Ärztliche Berichte und Zeugnisse über plötzliche Heilungen Unheilbarer und Beispiele über Hilfe in seelischen, leiblichen und materiellen Nöten durch die Kraft des Gebetes, 9. Auflage, 1973, Rohm-Verlag, Bietigheim, Württ.

**W. O. Roesermueller:** „Die göttliche Heilkunst Jesu". Beten und Fasten, die biblische Radikalkur gegen geistig-seelische Störungen, Gemütsdepressionen, Selbstmordgedanken, Besessenheit und leibliche Krankheiten. Dargeboten auf Grund seelsorgerlicher und ärztlicher Berichte aus Neuzeit und Gegenwart. 4. Auflage, 1968, Hermann Bauer-Verlag, Freiburg i. Br.